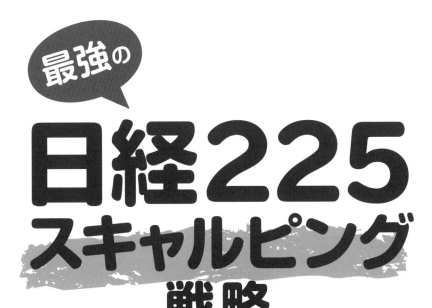

最強の
日経225
スキャルピング
戦略

伊藤 由 [著]

Parade Books

はじめに

こんにちは。伊藤由（いとう・ゆう）と申します。

私は2017年に、日経平均225先物のスキャルピングトレード（超短期トレード）に特化した、売買サインを生成するシステム「スーパースキャルピング225」を開発しました。

空いた時間に、サインに従ってトレードするシンプルなシステムですが、条件に則ってしっかりと活用すれば勝率9割を超えるもので、日経225先物の売買ツールとしては、これまでに存在しない類の画期的なものでした。

以降、「スーパースキャルピング225」の利用者数は2020年1月時点で2,500名を超えています。

また2019年3月からは、より深くチャートが読めるようになるための交流型のコミュニティ「ステップ バイ ステップ（SBS）チャートリーディング」というカリキュラムをスタートさせ、受講生は1年弱で延べ700名を超えています。正直、自分自身でも予想を超える反響に驚いています。

実は私は、最初の投資で1,000万円以上の大金を失った経験があります。30代前半のまだ起業して間もない頃で、妻と子供もいました。必死で働いて貯めた資金を失い、あの時は本当に苦しい思いをしました。

　いったんは投資から離れていましたが、月日が流れ、再び興味が湧いて投資の世界へ戻ってきました。そこからの数年間、平日、週末を問わず投資の研究に没頭してきました。いろいろな教材や手法を学び、試しては失敗を繰り返してきました。そんな中で運よく「これは本物だ！」と思える何人かのプロの方から直接教えを乞うことができました。その方々からトレードを深く学ぶことで自分のスタイルを確立することができ、そこからは安定して勝てるようになったのです。

　そんな時に私の友人から「トレードを教えて欲しい」と頼まれました。教えるのは構いませんが、私と同じ道を歩んでもらっては困ります。そこで彼に何とか早く結果を出させてあげる方法はないだろうか？と考えて作ったのが、前述の「スーパースキャルピング225」です。

　私が数年間の時間とお金と労力をかけて確立した投資手法を、私のように長期間におよぶ辛い経験をせずとも学べる、トレードの経験が浅い方でも最短で結果を出せるようになるための教材とツールです。

　結果、彼は開始後まもなく9割を超える勝率を上げました。同じように、別の投資未経験の友人にも使ってもらいましたが、やはり9割の勝率という結果が出ています。

　「日経225先物」は資金効率が非常に高く、個人投資家も少額から手軽に始められて、短期間で大きな成果を目指せる投資商品です。私の運営する講座でも、金融や投資について何も知らなかった初心者の方がゼロから勉強され、わずか1年も経たない間に安定的に利益を積み重ねていけるようになったという例がたくさん生まれています。会社員や主婦の

方など、さまざまな環境の方がそうやって実力をつけています。私がまさに実現したかったことでもあり、とても嬉しく思っています。

しかし、「日経225先物」がこれだけ魅力的な投資ジャンルであり、個人のトレーダーも多いと思うのですが、しっかりとしたトレード手法やトレードスタイル確立につながる情報が、書籍を含めて非常に少ないのが現状です。

そこで本書では、私のこれまでの経験から得た、勝率の高いパターンや有効なチャートの読み方、一貫して勝ち続けるための戦略を網羅的に紹介しました。たとえサインのツールがなくとも、この本を読み込んで書いてある通りに実行いただくことさえできれば、中長期で見た時に、きっとトータルでプラスの収益が残っていくものと思います。

トレードで安定して勝ち続けるためには、「優位性の高いトレードロジックの理解」と「そのロジックを正しく実行し、継続する力」の両方が求められます。本書では、この両面をできるだけカバーしようとも試みています。

シンプルですが奥深い「トレードの王道」とも言えるテクニックから、私が長らくこの「日経225先物のスキャルピング」という分野でトレードしてきてわかった、「多くの225トレーダーが知らないものの、絶対外せないチャートの見方」「ここぞという場面でのエントリー方法」など、私の知識と経験をできるだけ網羅しようと試みています。

トレードでこれまで勝てていなかった方はもちろん、これから投資を

始めようとされている方や、日経225先物が初めてという方にも、チャートを読んでスキャルピングする方法を学んでいただける内容を目指しました。

また、文章だけではどうしてもお伝えしきれない部分も多くありますので、特典動画をお付けしています。本書の後ろのページにある特典紹介ページより動画サイトにお入りください。本書でご紹介している重要ポイントを動画コンテンツでご覧いただくことができます。

きっと価格以上の価値を感じていただけるものと自負しています。

なお、日経225先物の概要的な内容については、ネットや他の本でも十分学んでいただけますので、本書では省いています。本書はあくまでトレードスキルを身につけていただくための内容に特化しています。

ぜひ、本書を手に取っていただいて、読み込んでいただき、押さえるべきポイントを押さえた「安全運転」のトレードを積み重ね、あなたの豊かな投資生活の実現のため、存分に活用していただければと思います。

そして、いつの日か成果報告のご連絡をいただき、人生がより豊かに前進する瞬間を一緒にお祝いできることを、楽しみにお待ちしています。

あなたの幸運を心からお祈りしています。

令和2年11月吉日

伊藤 由

本書の構成

　本書の構成についてご紹介します。

　「序章　なぜ日経225のスキャルピングなのか」では、超短期のスキャルピングトレードの特長と、投資商品の中でもなぜ「日経平均225先物」がオススメなのかをご紹介します。

　「第1章　準備編 —トレードに必要な環境設定—」では、トレードに入る前に必要な準備についてお伝えします。

　「第2章　チャートリーディング基礎編 —基本的な動きを理解しよう—」では、トレードで勝つための唯一無二のスキルである、チャートを正しく読み、トレンドを見極めるための基礎知識を紹介しています。

　「第3章〜第4章　エントリー編」では、より有利に仕掛けるための、エントリーの基本（第3章）から、勝率の高いチャートパターンとして、具体的なエントリーポイントの例（第4章）を解説しています。

　「第5章　エグジット編 —利益確定・ロスカットの心得—」では、トレードの出口であるエグジットについて、スキャルピングならではの戦略を解説します。利益確定もロスカットも、「指値注文」をベースとし、安易な成り行きまかせからは脱却します。

　「第6章　勝率を高めるもうひとつの方法」では、スキャルピングを

より有利に進める、さらに一歩進んだチャートの読み方や環境の捉え方、日経225特有のポイントを押さえることで、より優位性の高い場面を選び、無駄な勝負を減らして勝率を高めることを目指します。「負けにくく」なることで、中級者の境地を目指します。

「第7章　まだまだある！　追加のエントリーポイントやチャートサイン」では、上記内容にさらに加えて、追加・応用編となるエントリーポイントやチャートサインを解説しています。

「第8章　資金管理編 ─リスクを抑えて着実に資金を増やす方法─」では、安全・着実なトレードに欠かせない「資金管理」を取り上げます。トレード成績に直結する資金管理の考え方、重要ポイントについてお伝えします。

「第9章　トレードの進め方 ─心構えとメンタル編─」では、トレードをどのようなステップで実行・継続すればよいか、着実に成長していくためのポイントを、メンタル対策を含めて取り上げています。

「終章　より早く、深く学びたい人のために」では、私の開発したツールや運営している講座について、そこで学ばれている受講生の方のインタビューと共にご紹介しています。

巻末の**購入者特典**ページでは、読者限定の特設動画サイトをご案内しています。本書でご紹介している重要ポイントを動画で補足していますので、こちらへもぜひアクセスいただき、本編ではお伝えしきれない私の手法の肝の部分を感じ取っていただければ幸いです。

　一冊を通して、日経225スキャルピングという「冒険の旅」に必要な武器や防具をそろえ、世界を正しく知ることの大切さ、レベルアップのコツや、より早いレベルの上げ方、うまくいかないときの指針、などを網羅しています。

　案内役は、我が家のチワワ犬がキャラクター化した「クロッチ」くんです。今回は印象を出すために少しシュールなキャラクターに仕上がっていますが、本物はとっても可愛いです（笑）。

　それではさっそく、次ページ以降の「目次」に続き、序章「**なぜ日経225のスキャルピングなのか**」のご説明から、トレードの旅を始めて行きましょう。

本書の構成

目 次

序章

なぜ日経225の
スキャルピングなのか

・スキャルピング（超短期）トレードの特長

・日経225先物の特長

・スキャルピングが生む利益の可能性

・オススメの証券会社

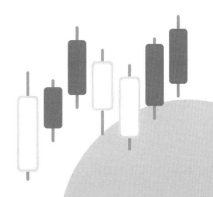

スキャルピング（超短期）トレードの特長

　スキャルピングとは、注文から決済までを数秒〜数分程度で完結させる、超短期のトレード手法です。語源は残酷ですが、その昔ネイティブアメリカン（インディアン）が行っていた「頭（スカル）の皮を薄く剥ぐ」という意味で、市場から小さな利益をはぎ取ることから来ていると言われています。取引時間が短く、1回のトレードによる利益も小さなものですが、相場から利益をコツコツと積み重ねていく手法です。

スキャルピングの特長1 ▶ 1日に何度もチャンスがある

　スキャルピングの大きな利点は、1日の中で多くの回数を取引できることです。ごく短い時間内での利益を狙うため、「買い」でも「売り」でも、マーケットの動きに応じて毎日何度もチャンスがやってきます。日をまたがずに決済するため、ポジションを次の日に持ち越すことはありません。

スキャルピングの特長2 ▶ 技術習得スピードが速い

　また、取引回数が多くなるということは、それだけ学習スピードも速くなるということです。例えば、日をまたいで中長期でトレードする手法であるスイングトレードが月に5〜10回程度のトレード回数だとしますと、日々チャンスが来るスキャルピングでは毎日5〜10回、月に100

～200回ものトレードチャンスがくることになります。スイングに比べてスキャルピングは10倍以上もトレードチャンスがありますので、それだけ経験値も増え、より速くトレード技術を身につけることができます。

スキャルピングの特長3 ▶ 少ない元手を大きく増やせる可能性

さらに、スキャルピングは少ない元手資金ではじめることができるのも特徴です。日経225先物の場合、証拠金というものを証券会社に入れるわけですが、のちに紹介するおすすめ証券会社では、日をまたがずにその日のうちに決済する場合は証拠金が半分で済みます。証拠金は毎週変動しますが、当日決済の場合は数万円～10万円以下の場合が多く、株などに比べますとかなりの少額ではじめることが可能です。

> **図　スキャルピングトレードの特長**

取引できる場面・回数が多い

- 1日の中で何度もチャンスが来る
- 空いた時間・スキマ時間でトレードできる

学習・上達スピードが早い

- トレード回数が多くなる分、早く上達できる

少額資金から始められる

- 日経平均225先物miniなら、資金10万円以下で始められる

加速度的に資金を増やしていける

- 良い場面を選べば、効率的に資金が増えていく
- 「場面を選んでトレードすること」がとても重要

　後述しますが、重要なのは勝率を高めるために良い場面だけを選ぶこと。チャンスへの反射神経が求められること。そして調子を崩した時には冷静になって立ち止まることも、とても大切になってきます。

日経225先物の特長

　日経225先物（さきもの）は、日経平均株価の先物取引商品で、日経平均先物とも呼ばれます。投資対象として、例えば個別株やFXほどの知名度の高さはありませんが、実は以下のような特長からも、リスクを抑えながら非常に落ち着いてトレードできる商品であり、超短期のスキャルピングにも最適な投資商品といえます。

日経225先物の特長1 ▶ 資金効率が良い

　日経225先物にはミニ（mini）とラージがありますが、当日決済を行う場合のミニの証拠金（必要な資金）は、後述する証券会社を利用すると1枚あたりおよそ7万円程度です。ミニ1枚を「買い」でエントリー（仕掛け）し、その後、ミニの価格が10円上がった時に決済すると値上がり利益は1,000円（手数料除く）となります。例えば元手が7万円だったとして、1,000円であれば資金に対して約1.5%の利益です。わずか数分、場合によっては数秒〜数十秒でこのくらいの利益のチャンスがあります。特に社会情勢などに応じて、先物価格は1日に数百円以上動くこ

とも多くあります。低資金で始められ、かつ短期間で資金を大きく増やせる可能性がある投資商品であると言えます。

日経225先物の特長2 ▶ 流動性が高い

日経225先物は非常に高い流動性があり、「買いたいときに買えない」「売りたいときに売れない」といったリスクがありません。上がると思えば買いから、下がると思えば売りからでも参戦することができます。

日経225先物の特長3 ▶ 1日19時間と取引時間が長い

日経225先物の取引時間は、デイセッション（日中取引）が朝8：45から15：15まで、ナイトセッション（夜間取引）が16：30〜翌朝5：30までとなっており、1日19時間も市場が開いています。ですので昼間は会社勤めの人も終業後にトレードすることが可能です。

日経225先物の特長4 ▶ 慣れればスマホでもトレード可能

経験を積み、チャートが読めるようになってきたら、スマートフォンからトレードができます。ただしパソコンを持たずに最初からスマホだけというのはおススメしません。使えるインジケーターなどが限られるからです。

なれてきたら
スマホでも…
えい！えい！

ボタンが押せない…

プニ
プニ

スキャルピングが生む利益の可能性

　では具体的に日経225のスキャルピングで、どのくらいのペースでどれだけの利益が望めるのかを考えてみましょう。

　例えば、証券会社に証拠金7万円を預けて、「日経225先物ミニ」1枚の売買から始めたとします。そして、「買い」や「売り」のスキャルピングで、一日平均20円の値幅を獲得していくとしましょう。

　20円の値幅獲得とは、例えば日経225先物ミニが「21,500円」の時に上がると思って1枚を「買い」で仕掛け、「21,520円」の時に売れば（決済）、＋20円の値幅獲得です。これは、相場がよく動いていれば1回のトレードでも狙える値幅です。通常、スキャルピングでは1回に10～15円の値幅を狙っていきますが、例えば10円のトレードが3勝1敗（＋10、＋10、＋10、−10）でも合計で＋20円が残ります。

　ミニ1枚で20円の値幅を取れれば、一日の利益は2,000円です（手数料は除きます）。これを毎日重ねていくと、3ヶ月（60営業日）で12万円になります。利益だけで当初の資金を大きく上回り、これだけでも大変な成果ですが、ここで一つ、複利で運用した場合の皮算用をしてみましょう。

　7万円スタートで20円ずつ利益を積み重ね、2枚運用できるようになったら2枚にし、3枚できるようになったら3枚にとやっていくと……54日

表　1日20円を複利で運用した場合 ※1枚あたり証拠金は7万円で計算

日数	資金	20円利益	枚数
1	70000	2000	1
2	72000	2000	1
3	74000	2000	1
4	76000	2000	1
5	78000	2000	1
6	80000	2000	1
7	82000	2000	1
8	84000	2000	1
9	86000	2000	1
10	88000	2000	1
11	90000	2000	1
12	92000	2000	1
13	94000	2000	1
14	96000	2000	1
15	98000	2000	1
16	100000	2000	1
17	102000	2000	1
18	104000	2000	1
19	106000	2000	1
20	108000	2000	1
21	110000	2000	1
22	112000	2000	1
23	114000	2000	1
24	116000	2000	1
25	118000	2000	1
26	120000	2000	1
27	122000	2000	1
28	124000	2000	1
29	126000	2000	1
30	128000	2000	1

日数	資金	20円利益	枚数
31	130000	2000	1
32	132000	2000	1
33	134000	2000	1
34	136000	2000	1
35	138000	2000	1
36	140000	4000	2
37	144000	4000	2
38	148000	4000	2
39	152000	4000	2
40	156000	4000	2
41	160000	4000	2
42	164000	4000	2
43	168000	4000	2
44	172000	4000	2
45	176000	4000	2
46	180000	4000	2
47	184000	4000	2
48	188000	4000	2
49	192000	4000	2
50	196000	4000	2
51	200000	4000	2
52	204000	4000	2
53	208000	4000	2
54	212000	6000	3
55	218000	6000	3
56	224000	6000	3
57	230000	6000	3
58	236000	6000	3
59	242000	6000	3
60	248000	6000	3

目には3枚を運用しており、7万円が21万円以上になり、3倍を超えました。なおこのまま続けていいくと、4ヶ月ほど後（90日目）にはすでに7枚を運用しており、資金も7万円⇒52万6千円になっています。実に当初の7.5倍以上になります。

　もしも、日に20円以上、さらに値幅を取っていればこのペースはさらに加速します。もちろんこれは皮算用です。しかしたった1日20円でも、これだけ資金を増やせる可能性があるということです。

　実際に私も、ミニ1枚から始めてどこまで増やせるか試したことがあります。そのときは1ヶ月半（29営業日）試して、1日に約30円程度の値幅を積み重ね、当初の資金4万円が21万円と、5倍以上になりました。これが複利運用のパワーです。

　それに、もしも学習に時間を要して、この期間が2倍、3倍かかったとしても、その後の大きな可能性を考えれば、大した問題ではないことがお分かりいただけると思います。まずは最初にじっくりと時間をかけて正しく学び、日々の確実な実践から、しっかりとしたトレード技術を身につけていきましょう。

オススメの証券会社

　序章の最後に、トレードを行う上でおススメの証券会社をご紹介します。

　この本を書いている2020年9月の時点で、日経平均先物ミニ（日経平均先物を手軽にトレードできるいわゆる「先物ミニ」）1枚当たりの証拠金は約12万円です（毎週変動しており、証券会社によって異なります）。

　一部の証券会社では、デイトレードに限り証拠金が半分で済むサービスを行っています（SBI証券、松井証券、日産証券、岡三証券など）。つまり、これらを利用した場合、70,000円ほどの証拠金があれば、多少の

余裕を持って日経225先物ミニのトレードをはじめることができます。

　ぜひ、この証拠金が半分で済むサービスを利用し、大きなパフォーマンスを目指していただければと思います。

● 証拠金が半分で取引可能な証券会社（2020年9月時点）
　SBI証券 – HYPER先物
　岡三証券 – アクティブ先物取引
　松井証券 – 一日先物取引
　日産証券 – アクティブコース

　なお、以上は証拠金を預ける証券会社ですが、トレード時に実際に利用するチャート機能も、各証券会社が提供しています。
　こちらのオススメは、後述する「先物のナイトセッション（夜間取引チャート）あり」「先物ナイトセッションなし」の両方のチャートが表示できる、以下の証券会社の利用をおススメしています。

●「ナイトセッションあり」「ナイトセッションなし」の両方のチャート
　が見られる証券会社（2020年9月時点）
　カブドットコム証券 – カブステーション
　マネックス証券 – マネックストレーダー
　＊スマホアプリは楽天証券ispeed先物のみ

　使いやすさやソフトの動作の軽さを考慮すると、現段階ではカブステーションをメインにし、かなり過去のチャートまで遡れるマネックストレーダーをサブで使用することをおススメします。

本編の前に
― チャートリーディングのお話 ―

　さて、いよいよ本編第1章「準備編」に入る前に、お伝えしておきたいことがあります。それは、トレードで勝つために欠かせない「**チャートリーディング**」についてです。

　「チャートリーディング」とはその名の通り「チャートを読むこと」ですが、もう少し詳しく言えば「それまでのチャートの動きや流れを読んで、先の動きを予想すること」と言うことができます。

　「過去の動きを見たところで先のことがわかるはずがない」という人もいますが私はそうは思いません。もちろんすべての動きを予想することはできませんが、「こういう形になったら、その後は高い確率でこういう動きをする」というパターンは確かに存在します。

　チャートを読む力がついてくると、トレンドの強さや弱さ、流れを見極めることができ、相場の動きの中に現れるそのいくつかのパターンが掴めてくるようになります。目の前のチャートをパターンに当てはめて正確に捉えることができれば、確率の高い場面だけをトレードすることができるようになり、自然と勝率が高まっていきます。さらにどこでエントリーしどこで利確すべきか、どこでロスカット（損失の確定、損切り）すべきか、というところまでわかるようになってきます。

価格はすべての事象を織り込む

　トレードで使われる手法には、チャートリーディングのようなテクニカルのほかにファンダメンタルズがあります。経済状況や企業の業績といったものですが、こういったファンダメンタルズは、国や企業などに長期間投資するような場合なら十分考慮すべきですが、スキャルピングのような短時間でのトレードにおいてはほぼ必要ないと言えます。

　例えば戦争のような地政学リスクや経済状況などについて考えてみると、数カ月や数年にわたって国や企業に投資する場合には大変重要で無視できない要素です。しかし数分間でエントリーと決済が終わるスキャルピングではほとんど影響を受けないわけですから、考慮する必要がありません。

　また、どこかの国の大統領の発言によって株価や為替が乱高下することもありますが、「価格はすべての事象を織り込む」という言葉があるとおり、ファンダメンタルズの要素も含め、それらのすべては価格となってチャート上に現れます。このようにすべては値動きとなってチャートに集約されると言えます。

　ですからトレード中は、経済ニュースやラジオ、SNSなどの情報は全く見る必要はありません。というよりチャート以外は一切見ないほうが良いと思います。私は教え子にもトレード前やトレード中にニュースなどは見ないことをすすめています。外部からのニュースやアナリストの分析などはすべて雑音となってチャートを読む眼を曇らせてしまいます。余計な情報が入ることで、チャートでは「買い」の場面なのに躊躇してし

まったり、逆に売ってしまうなどの誤った判断につながります。どこか
で何か突発的なニュースがあったとしても、そのニュースによって、上
がるのか下がるのか、それがどのくらいの値幅で動くのか？などを予測
することは非常に困難ですし、ほぼ不可能です。

　それよりも、そこで実際に動いたチャートを見て判断しパターンにあ
てはめて、先の動きを予想することの方が、特にスキャルピングなどの
短期のトレードにおいては、勝てる確率がはるかに高くなります。

　本書の第1章から第7章までの主な趣旨は、日経225のスキャルピン
グで勝つための「**チャートリーディング**」の手法のご紹介によって、ト
レードスキルの向上を図る内容です。

　それでは早速、まずは第1章で、必要な準備作業から始めていきましょ
う。

第**1**章

準備編
―トレードに必要な環境設定―

▶準備①
使用するパソコンについて

　これからトレードを始めようとする方から、どのようなパソコンを買ったらよいかという質問をされることがありますので、はじめに簡単に触れておきたいと思います。

　まずOSですが、トレードには圧倒的にウィンドウズがおすすめです。その理由はほとんどの証券会社がウィンドウズを前提にソフトなどを製作し提供しているからです。MacOSでは使用できないソフトも多くありますので、トレードを目的にした場合はおすすめできません。

　次にスペックですが、良い性能に越したことはありませんが、進化も早いですし予算もあると思います。そこで私がおすすめしているのは、以下のようなものです。

- 15インチ画面のノートパソコン　1台
- インテル製のCPUでなるべく上位のもの
- 価格は5万円程度でも十分
- さらに20インチ程度のモニターを1枚追加すると使いやすくなる

　つまり、ノートパソコン1台にモニター1枚を追加した計2枚という環境です。

　私もはじめの頃の数年間は、このようなパソコン環境でトレードして

いましたが必要十分でした。

　もちろんこれ以上の性能ならばそれに越したことはありませんが、最低限このくらいでもトレードはできるということで、ぜひ参考にしてみてください。

▶準備②
表示させる画面

　それではまず、トレードする際にどのような画面を表示させればよいのかを説明していきます。まず基本的には下記の画面を表示させてください。

日経225先物ミニ（3月、6月、9月、12月限のメジャー限月のうち、いちばん直近のもの）
①1分足のチャート画面—メインで使用
②5分足のチャート画面—メインで使用
③15分足、30分足、60分足のチャート画面を切り換えながら表示させる

　さらに日中トレードする場合は、上記についてそれぞれの「ナイトセッションのあり/なし」のチャートを表示させます。すべてを一度に表示させることはできないので、切り換えながら見るようにしてください。

④ドル円5分足または15分足のチャート画面

　ナイトセッションありとなしについては、後ほどその理由を説明しますが、日中（8：45〜15：15）の時間にトレードする際には必須となります。ナイトセッションをトレードする場合は、ナイトなしのチャートは必要なく、ナイトセッションありのチャートのみで良いでしょう。

図　ノートPCへの画面表示の例（1分足/5分足をメインで大きく表示し、切り替えていく）

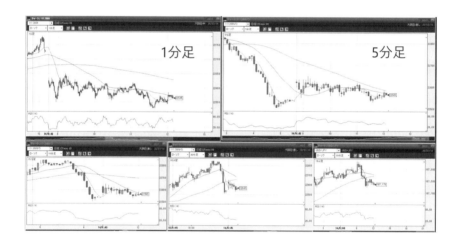

▶準備③
移動平均線を設定する

　次に、チャート上に移動平均線を表示させます。移動平均線は日経225

のスキャルピングには欠かすことのできない重要なものです。

　ここで使用する移動平均線とは「単純移動平均線」です。過去X本分のローソク足の終値の平均値を結んで線にあらわしたものです。5本移動平均線と言えば、過去5本分のローソク足の終値の平均値を結んだ線ということになります。

　日経225先物ミニのチャートを開いたら1分足チャートから60分足まで、さらに日足、週足、月足チャートまで、移動平均線をそれぞれ3本ずつ表示させて活用していきます。

「1分足チャート」の移動平均線の設定

　まず始めに「1分足チャート」を開き、25本移動平均線（25MA）、100本移動平均線（100MA）、300本移動平均線（300MA）の3本を表示させて下さい。

＊MAとは、Moving Average（移動平均）を指します。

「5分足チャート」の移動平均線の設定

　次に「5分足チャート」を開き、今度は5本移動平均線（5MA）、20本移動平均線（20MA）、60本移動平均線（60MA）の3本を表示させて下さい。

　この1分足と5分足が、メインで見るチャートとなります。

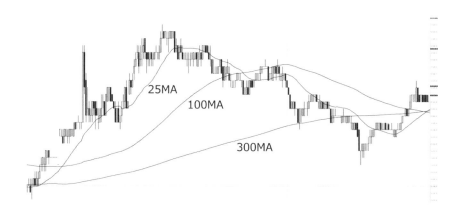

図　225先物ミニ1分足チャート（白いローソク足が陽線、黒が陰線を表します）

25MA

100MA

300MA

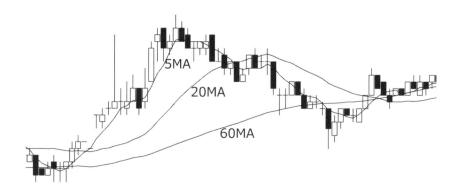

図　225先物ミニ5分足チャート（同じ場面）

5MA

20MA

60MA

移動平均線の表示色は、以下のような組み合わせで揃えます。

● 1分足の25本移動平均線と、5分足チャートの5本移動平均線を同じ色に（黄色など）

● 1分足の100本移動平均線と、5分足チャートの20本移動平均線を同

じ色に（水色など）

- 1分足の300本移動平均線と、5分足チャートの60本移動平均線を同じ色に（緑色など）

🐾 POINT《ここがポイント》

1分足チャートの25本線＝5分足チャートの5本線

　1分足の25本線は、過去の25分間の終値の平均値をなぞる足ですので、つまりは5分足の5本線と等しく、**この2本の線は同じ軌跡を描く、全く同じ線**となります。そこで、同じ色にしています。

　ほかの2本の線も同様で、

1分足100本線＝5分足20本線
1分足300本線＝5分足60本線

となります。前のページの1分足と5分足は同じ場面ですが、移動平均線がそれぞれ同じ動きをしているのが見て取れると思います。

　これは何を狙っているのかと言いますと、「**5分足のチャートを1分足のローソク足に分解して見ている。**」ということです。

　5分足を見ているトレーダーは非常に多く、とてもよく機能する時間軸です。5分足の5本線は支持や抵抗としてよく機能しますし、20本線も60本線も同様に強い支持・抵抗になることが多いのです。ですので、

5分足のチャートの動きや形を見ながら、5分足のローソク足を1分足に分解して見ることで、エントリーや決済のタイミングをより計りやすくしているのです。

5分足以上のチャートも、5分足と同じ設定に

より長期の15分足、30分足、60分足、日足、週足のチャートなども全て、5分足と同様に**5本移動平均線（5MA）、20本移動平均線（20MA）、60本移動平均線（60MA）の3本**を表示させて下さい。表示色も、先ほどと同じように合わせておいた方が見やすいでしょう。

5分足と同様、長期足でも、5MA、20MA、60MAとも有効に働き、抵抗線や支持線になることが多いです。より長期の移動平均線ほど「より強く、より遅く」働く特徴があり、詳細は第2章の中の「移動平均線の働きを理解しよう」で紹介します。

まとめますと移動平均線は

- **1分足—25本、100本、300本線を表示させる**
- **1分足以外の5分足以上～月足まで—5本、20本、60本線を表示させる**

このように設定してみてください。

スキャルピングはごく短時間で勝負が決しますが、マーケットの大きな流れを無視して高い勝率を維持していくことはできません。細部と全体を俯瞰して捉えられるように、まずは各移動平均線をそれぞれの時間

軸チャートで設定し、すぐに呼び出せるよう保存しておきましょう。

▶ 準備④　日中トレードする場合はナイトセッションあり／なしチャートの設定をする

　日中にトレードする場合は、「ナイトセッションありチャート」「ナイトセッションなしチャート」の両方が見られるように設定します。「ナイトセッションあり」とは、デイセッションの8：45〜15：15のチャートと、ナイトセッションの16：30〜翌5：30のチャートが両方表示されているチャートを言います。「ナイトセッションなし」はデイセッションのみのチャートが表示されたものです。この二つの具体的な活用法については後ほど詳細にご紹介しますが、日中の時間帯でトレードする際にはとても大切なポイントです。

　序章の「オススメの証券会社」でご紹介した、「ナイトセッションあり／なし」の両方が表示できる証券会社のチャートを利用して、「ナイトセッションあり／なし」の両方がいつでも見られるように設定して下さい。特にスキャルピングでよく使うのは、1分足チャートと5分足チャートです。「ナイトあり／なし」の、どちらか一方の1分足と、もう片方の5分足をメインで並べて表示すると良いでしょう（例：ナイトあり5分足チャート、ナイトなし1分足チャートを1画面上に表示）。

　また、前項でお伝えした3本の移動平均線も、「ナイトあり／なし」そ

れぞれにおいて、各時間軸のチャート上に表示させて下さい。

　「『ナイトセッションなしチャート』の表示方法がわからない」という場合ですが、例えばカブドットコム証券の「カブステーション」の場合では、銘柄検索ダイアログの「先物」のタブを開くと、「日経225mini先物」の種類として、限月のほかに「日中」「夜間」「日通し」の3種類が選べるようになっています。このうち、「日中」が「ナイトセッションなしチャート」を指し、「日通し」が「ナイトセッションありチャート」を指しています。

「ナイトセッションなしチャート」の表示機能がない場合

　お使いの証券会社のチャートソフトが「ナイトセッションなし」を表示できない場合は、代わりに「日経平均」のチャートを使用してください。先物の「ナイトなし」チャートと「日経平均」のチャートはよく似ています。違いは「日経平均」は11：30〜12：30まで昼休みのため、その期間のチャートが動かないことです。ですが、目的はナイトあり/なしの「ねじれ」を見ること（詳細は第2章で解説）ですので、その時間帯以外は目的を果たすことができます。

私のトレード環境のご紹介

　私はメインチャートに「カブステーション」を使用しています。非常に使いやすく動作も軽く、たいへん優れたチャートソフトで、パソコンでチャートを見る場合はもう何年もお世話になっています。このチャートに、先に紹介した時間軸の各チャートを表示させ、その時に気になるチャートをすぐに呼び出せるように設定しています。

　写真は私のトレードしている環境です。

　あくまで参考程度に見ていただければと思いますが、現在トレードで使用しているのはデスクトップパソコン1台、ノートパソコン1台、モニターが合計5枚です。

　写真の真ん中の大画面が43インチの4Kモニターで、これをメインに見ています。ここに5分足の「ナイトセッションありチャート」と、1分足の「ナイトセッションなしチャート」、そのほか15分足、30分足、60分足、ドル円チャートを表示しています。右の23インチに証券会社の発注ソフトを立ち上げ、注文を行っています。右上の19インチには「スーパースキャルピング225」で使用するMT4を表示させています。左側の32インチモニターは補助的なもので、研究しているチャートや気になるチャートなどを表示させています。右手前のノートパソコンはメールなどを見るのに使っています。

　これが現在の私のトレード環境ですが、実際ここまで揃える必要はありません。

　準備編①で書きましたように、ノートパソコン1台で、またはそこにモニターを1枚追加した計2枚で十分トレードできます。

　画面が多いと切り換える手間が省けて、視線を変えるだけで別のチャートを見ることができるので便利になるというだけです。

　「準備編」ではチャートをいくつも設定する説明があり、一画面にそんなに表示できないのに、どうやって使うのかと思われる方もいたかと思います。スキャルピングで主に使うのは1分足と5分足であり、それらを中心にナイトセッションあり／なしの比較ができるようにしつつ、支

持線や抵抗線、目安価格の確認のために、必要な際に長期の時間軸を見ているとお考え下さい。

　ドル円も表示させている理由は「日経平均225先物」のチャートと、為替の「ドル円」チャートは（時期にもよりますが）ある程度の相関性を持って動いているため、場中におかしな動きがないかどうかを監視しています（ドル高・円安ならば先物高で、ドル安・円高なら先物安になる傾向）。あくまで補助的ではあるものの、例えば両者のトレンドが逆になっているときには225のエントリーもより注意して行います。また利益確定時やロスカットにも、ドル円の動きを一つの参考としています。できればPC画面の隅に表示させておくとよいでしょう。

　さて、以上でチャートのセットアップが完了しました。続いては「チャートリーディング基礎編」です。トレーダー脳に直結する「相場の流れやトレンドの見極め方」について学んでいきましょう。

チャートリーディング基礎編
―基本的な動きを理解しよう―

- 基礎①　すべての基本「ダウ理論」を理解し、
　　　　　トレンドを見極めよう
- 基礎②　移動平均線の働きを理解しよう
- 基礎③　ナイトセッションあり／なしチャートの重要性と
　　　　　使い方を理解しよう
- 基礎④　トレンド転換の目安となる価格を知ろう
　　　　　―前の高値・安値・節目

▶基礎① すべての基本「ダウ理論」を理解し、トレンドを見極めよう

本章では「チャートリーディング基礎編」として、チャートを正しく読むための基本的でとても重要な方法をいくつかご紹介していきます。何事も基礎が最も大切であり、ここを押さえるだけで、無駄な労力が減り、勝ちが残りやすくなるはずです。感覚に落とし込めるまで、丁寧に理解し、チャートを見る癖をつけていきましょう。

まずは、トレンドを見極めるための基本である「ダウ理論」からお話しします。「ダウ理論」は米国の故人チャールズ・ダウ氏が提唱した理論です（ダウ平均株価の由来となった方です）。理論と言ってもあまり難しく考える必要はありません。ダウ理論にはいくつかの項目があるのですが、私が日経225のスキャルピングにおいてもっとも重要だと思うものはたったの一つで、とてもシンプルなものです。それは「トレンドの見極め方」です。

ダウ理論では、チャートの上昇・下降などの「**トレンドの継続**」と「**トレンド転換**」を次のように定義しています。

ダウ理論における「トレンドの見極め方」
■ 上昇トレンド・下降トレンド

「上昇トレンド」とは、チャートの高値が切り上がっていて、安値も切り上がっている状態

「下降トレンド」とは、高値が切り下がっていて、安値も切り下がっている状態

この傾向が続く限りは、そのトレンドが継続していると見ます。

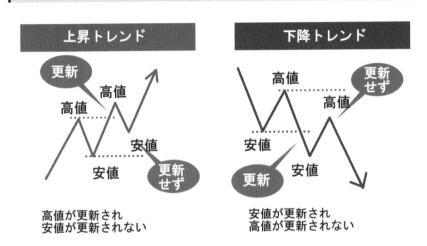

図　ダウ理論　上昇トレンド・下降トレンド

■ トレンド転換

トレンドが終了・転換するポイントは図のように見極めます。

上昇トレンドの終了は、前の高値を超えられずに前の安値を割ったとき。

下降トレンドの終了は、前の安値を割らずに、前の高値を超えたとき。

このとき、「トレンドがいったん終わった」という判断ができます。

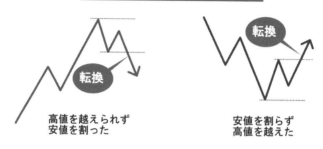

図　ダウ理論 トレンド転換

トレンド転換

高値を越えられず
安値を割った

安値を割らず
高値を越えた

■トレンドがない状態

　そして、このどれにもあてはまらない状態が「**トレンドがない状態**」です。実に相場の7割がこの状態であると言われるくらい「**トレンドがない状態**」の場面が多くあります。この状態の時は、どう動くか予測がしづらく安易に手を出さないほうが良いのです。

　つまりダウ理論をまとめますと、チャートの動きは3つに分類されます。

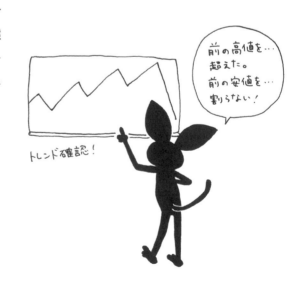

「上昇トレンド中」か「下降トレンド中」か、「トレンドがない状態」

　このトレンドの見極め方ですが、時間軸が変わると見え方が変わってきます。例えば5分足では上昇中でも、60分足では下降中などということはよくあります。このように時間軸によって相反する場合には、トレードの判断がより難しくなります。完全に相反する場合はエントリーしないのが基本ですが、このことを見落としていてエントリーしてしまい、ロスカットになってしまうこともよくあります。5分〜60分足の時間軸、そして日足や週足といった長期の時間軸もいつも気にしてみるようにしていれば、今どの方向に行こうとしているのかが、だんだんとわかるようになってきます。そしてどの時間軸も一致しているような場合はその分確率も高くなり、自信を持ってエントリーできるようになります。その結果、大きな利益を上げていくことが可能になります。

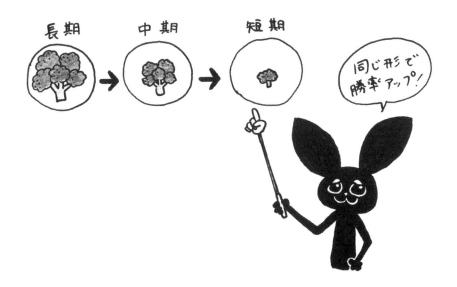

🐾 **POINT《ここがポイント》**

トレンドは、時間軸が変わると違って見える

　ダウ理論はシンプルですが、チャートリーディングの基本ともいえる
ものです。是非わかるようになるまでこのことを意識してチャートを見
てください。

　トレードで勝てない人を見ていると、トレンドに逆らってエントリー
したり、トレンドがないのにエントリーしたりしている場合が多く見受
けられます。つまり、いま上昇中なのか下降中なのか？それともトレン
ドがない状態なのか？がわからない状態でトレードしている事が原因の
一つだと多くの人を見てきて思います。そういう私も最初は全くトレン
ドが見えていませんでした。それがダウ理論を理解し、すべての時間軸
での流れを理解してトレンドがわかるようになってきてから、やっと勝
てるようになりました。ですので、まずはダウ理論を理解しトレンドが
見えるようになること、これがとても大事な要素になります。

▶基礎②
移動平均線の働きを理解しよう

　次に「移動平均線」の働きを詳しくご紹介します。移動平均線は、ダウ
理論とともにチャートリーディングにおいてたいへん重要な役割を持っ

ています。なお移動平均線はMA（Moving Averageの略）とも言われます。

移動平均線の法則1 ▶「抵抗・支持になる」

　移動平均線は、抵抗線や支持線になることが多くあります。図を見てください。ローソク足が移動平均線にあたったところで、おさえられたり、反発したりしています。移動平均線は多くのトレーダーが意識していますから、ここで止まるのではないか？と予想して売買をしてくる人が多ければ、実際その通りに値が動くことになります。見ている人が多ければ多いほど、それだけよく機能するわけです。

図　支持線や抵抗線になって反発を促す

（支持線の例）

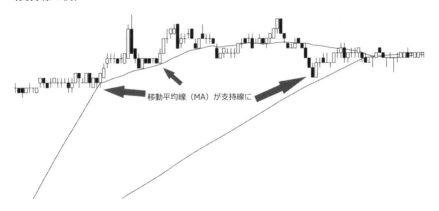

移動平均線（MA）が支持線に

（抵抗線の例）

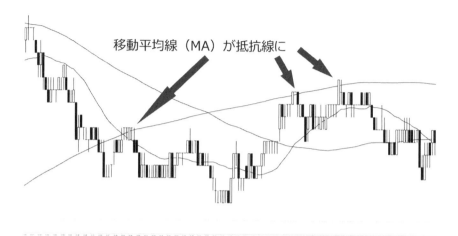

移動平均線（MA）が抵抗線に

移動平均線の法則2 ▶
「移動平均線の上にローソク足がある場合は相場が強く（上昇傾向）、
移動平均線の下にローソク足がある場合は相場が弱い（下降傾向）」

　ローソク足が移動平均線の上にある場合は相場が「強く」、ローソク足が移動平均線の下にある場合は「弱い」傾向にあります。法則1の抵抗線と支持線にも強く関係しますが、ローソク足が移動平均線の上にあれば、下に移動平均線という支持があるため下がりにくくなります。ローソク足が移動平均線の下にあれば、上の移動平均線は抵抗となってしまい上がりにくくなります。

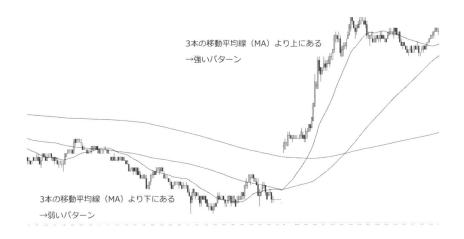

図　移動平均線の例　ローソク足が移動平均線の下にある時は弱く、上にあるときは強い

3本の移動平均線（MA）より上にある
→強いパターン

3本の移動平均線（MA）より下にある
→弱いパターン

移動平均線の法則3 ▶
「長期線になるほど、より強く、より遅く働く」

　移動平均線の特徴として、5本線より20本線、60本線というように、長期の線になればなるほどより強く、ただしより遅く働く傾向があります。またこれに異なる時間軸を加えれば、さらにその傾向は顕著になります。例をあげましょう。5分足の5本線というのは、5分×5本分、つまり過去25分間の傾向を表しています。過去25分間にトレードした人の総意が反映されて値が付き、5分ごとの値動きとなり移動平均線として表現されているわけです。これが60分足の60本線となると、60分×60本＝3600分となり、60時間分の傾向を表します。この時間の値動きの平均値を60分ごとに移動平均線として表しますので、長期になればなるほど動きは遅くなるわけです。しかしその期間にトレードした人の総意を平均値として反映しているということは、時間が長ければ長いほど

より多くの参加者がいるため、強く働く傾向にあります。

　上記のことがわかってくると、単純に1つや2つの時間軸のチャートだけを見てトレードしようとは思わなくなります。**長期の移動平均線であればあるほど、強い抵抗・支持として働く**ことになりますので、必ず長い時間軸も確認し、現在のローソク足が移動平均線に当たっていないかどうかを確認するようになります。この確認を行うだけでも、負けの数を減らすことができるでしょう。

> ### 🐾 POINT《ここがポイント》
>
> 移動平均線も、時間軸が大切。
> 長期の移動平均線ほど強く働く。

移動平均線の法則4 ▶
見るべきポイントは、3本の線の並び方、傾き、そして乖離（かいり）

　相場状況の見極め（トレンドの勢いが強いか、弱いか、あるいは相場が収縮しているのか、発散しているのかの判断）には、各チャートに表示した3本の移動平均線の「並び方」、「傾き」、「乖離」を見ることが有効です。

【並び方】
　3本の移動平均線の並び方に注目してください。トレンドが出ているときは、トレンド方向順に短期→中期→長期の順番で並びます。トレン

ドが出ていないときは、この順番がなくなり、移動平均線がねじれてしまいます。

【傾き】

　トレンドが強いほど、その方向への移動平均線の傾きが大きくなります。順番としては、まず最初に短期線（5本線など）が傾きはじめ、次に中期線（20本線など）、そして最後に長期線（60本線など）が傾き始めます。例えば60分足の60本線が強く上昇するには、過去60時間も上昇傾向になければならないため、それだけ強いトレンドが出ていることになります。トレンドが出ていないときは傾きが小さくなります。

【乖離（かいり）】

　トレンドが強いほど、3本の移動平均線の乖離が大きくなります。つまり3本の線が離れて拡がっていくということです。乖離が大きいほど強いトレンドが出ていると判断できます。ただし乖離が起きれば必ずその反動もきます。強く上昇した後には必ず一定の利益確定が入りますので、いつまでも上がり続けるわけではありません。つまり遠からず乖離が小さくなるという性質も持っています。逆にトレンドがないときは、3本の移動平均線がくっついてしまいます（見送りパターンですね）。

図　3本の移動平均線の「並び方・傾き・乖離」(5分足チャート) ― 傾き・乖離が大きければトレンドも大きい

25MA

100MA

300MA

　1分足チャートです。短期・中期・長期の順番でMAが並び、25MAが大きく上へ傾き、力強い上昇が起こりました。25MAとその他のMAが大きく乖離しましたが、徐々に上昇の勢いが弱まると、25MAの傾きが横向きになり、100MAとの乖離が狭まっていきました。

　移動平均線の順番がねじれ、真横に並び、くっついてしまった時は手出し無用です。こういう時は移動平均線としての本来の機能を発揮せず、チャートが3本のMAを上下に往復するパターンもよく出現します。次の図ではその後、下降トレンドが発生しました。まずは25MAが下に傾き、3本の乖離幅が広っていきます。

図 移動平均線のねじれ（トレンドが出ない）からやがてトレンドが発生

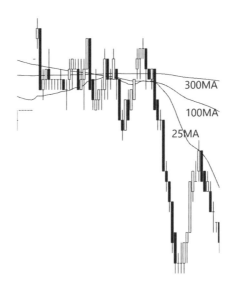

300MA

100MA

25MA

🐾 POINT《ここがポイント》

相場が、収縮状態からエネルギーの発散状態に移る（トレンドが
始まる）ときも、移動平均線の並び・傾き・乖離で見極めましょう。

▶基礎③　ナイトセッションあり／なしチャートの重要性と使い方を理解しよう

　ここで、準備編でも紹介した「ナイトセッションあり／なしチャート」の重要性と使い方について説明します。これは**日中トレードする際には必須**だと思ってください。実は私が日経225先物のトレードを始めたころ、いつもこのナイトあり/なしのチャートのどちらを見ればよいのかわからずに悩んでいました。私がメインで使っているカブドットコム証券のカブステーションであればこの2種類の切り替えができるのですが、ナイトのあり/なしのチャートで相反する場面が多くあるのです。例えば、図のように、「ナイトあり」ではすべての移動平均線の下で寄り付いているのに、「ナイトなし」ではすべての移動平均線の上で寄り付いている、というような場面です。

　こういう場合にどう考えてトレードすればよいのかがわからなかったので、トレード歴が長く実績があるという方々に尋ねてみました。しかし明確な答えをくれた方は誰一人いませんでした。先物トレーダーでありながら質問の意味すら理解していただけない方もいました。つまり、そんなことは考えたこともないということです。そこで私が感じたことは、おそらくこのことはとても重要なはずなのに、それを意識している人はほとんどいないということです。たしかに証券会社によってはナイトあり/なしの両方を表示できないものも多くあります。またスマホのアプリにおいては両方を切り換えられるのは、この本の執筆時点では私の知る限り、楽天証券のiSPEED先物しかありません。それだけ業界でも軽

図 ナイトセッションありチャート

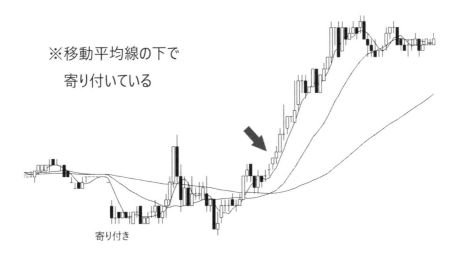

※移動平均線の下で
寄り付いている

寄り付き

図 同じ日のナイトセッションなしチャート

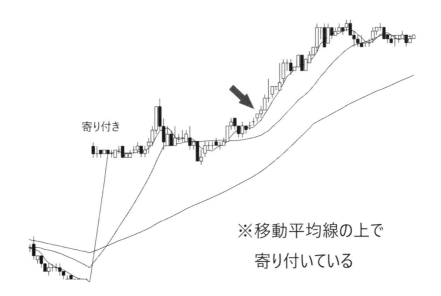

寄り付き

※移動平均線の上で
寄り付いている

第2章 チャートリーディング基礎編 —基本的な動きを理解しよう—

視されているわけです。しかし、寄り付き時点でこのようにチャートが
相反する場面は多くあり、決して無視できません。そこで私は自分なり
に研究し、答えにたどり着きました。

　その答えとは、

● **ナイトあり／なしが相反する場合は一致するまでトレードしない**
● **ナイトあり／なしを見る比重は50対50**

　つまり、「両方のチャートを見て一致しないときはトレードしない」と
いうルールにしたのです。これがわかってからは午前中の成績が格段に
良くなりました。方向感がない時に手を出さなくなったからです。そし
て両者が一致したら（たいていは午前10時くらいまでには一致します）
そこからトレードすればよいのです。

　では、なぜこの現象が起こるのでしょうか。日中（デイセッション）
の8：45〜15：15は、主に株式市場がオープンしている時間帯であり、
日本市場のメインとなる時間帯です。一方ナイトセッションの16:30〜
翌5：30の時間帯は主に海外市場が開いている時間帯であり、多くの影
響を海外市場から受けることになります。ですので、日中は上げたけれ
どもナイトセッションで売られて下げたというようなことは頻繁に起こ
ります。そうなると翌朝8：45の寄付き時点では、前ページの図のよう
に捻じれた状態で始まることになります。

　「ナイトセッションあり」のほうでは、すべての移動平均線の下で寄り
付いていますが、「ナイトセッションなし」のほうでは、すべての移動平

均線の上で寄り付いています。これは前述の**移動平均線の法則2「ロー**
ソク足が移動平均線の上にある場合は強い。下にある場合は弱い」に相
反しており、これでは方向感がわかりません。

　そして、日本の投資家たちにとっては、前日の引けより平均的に「上
がった」状態で寄り付き、ナイトセッションをトレードした海外勢にとっ
ては「下がった」状態で寄り付いています。ここに心理的な差も生まれ
ています。例えばここから買い玉や売り玉の手じまいが始まります。ま
だ上がると思って買う人と、下がると思って売る人の心理が交錯し、そ
れが値動きにも現れますので、上がっては売られ、下がっては買われと
いうように、しばらくは方向感がありません。
　やがては時間の経過とともに、大多数が行きたい方向に相場が動いて
いきます。

　結局、この日は上がっていきましたが、もし「ナイトセッションあり／
なし」のどちらかだけを見ていた場合、寄り付きからしばらくはとても
やりにくかったでしょう。おそらくロスカットになる可能性も高いはず
です。

　しかし**「移動平均線とローソク足の位置関係が相反する場合は、一致**
するまでトレードしない」の原則に従えば、55ページの図の**矢印**あたり
まではトレードをしなくて済みます。

　このようなことが多くあるため、日中トレードする際には必ず両方の
チャートを表示するようにしてみてください。逆に言えば「ナイトあり
／なし」が一致して、どちらを見てもチャンスが来たという場面では、

それだけ勝率も高まるわけですから、そのような場面を狙っていく方が
ずっと勝ちやすくなります。

> **🐾 POINT《ここがポイント》**
>
> ナイトセッションあり／なしチャートで、移動平均線とローソク
> 足の位置関係が一致するまではトレードしない。

📍 ▶基礎④　トレンド転換の目安となる価格を知ろう
─前の高値・安値・節目

　移動平均線のほかにも、多くの市場参加者に意識されているポイント
があります。

ポイント① ▶「直近の高値」「直近の安値」

　「直近の高値／安値」は、多くの市場参加者が意識しているため、支持や抵抗になりやすいポイントです。例えば上昇してきて前の高値に並び、その後下げてしまうことがよくあります。また前の安値付近まで下げた後に切り返して上げていくこともよくあります。前に一度止まっているということは、その価格を意識している人が多いと考えられるので、もう一度反転する可能性があるわけです。こうしたことが何度も起こればより一層その価格は強く意識されるようになり、さらに強固な支持や抵抗となっていきます。

ポイント② ▶ 節目となる価格

　節目となる価格は、大きな価格ほどより強く意識されます。

　例えば20,000円、30,000円といった1万円単位の節目はめったにその価格帯に近づかないということもあり、多くの市場参加者に強く意識されます。そうすると例えば20,000円になったら利益を確定するために売ろうとか、一度ではなかなか越えられないだろうから少し手前の19,900円あたりで売っておこうと考える参加者も多く出てきます。そう考える人が多ければ20,000円目前で失速しやすくなります。過去のチャートを見てみれば、実際そういう傾向が多く見られます。同じように15,000円、25,000円といった5千円単位、そして21,000円、22,000円などの1,000円単位、21,500円などの500円単位というように、価格の節目が意識されることを覚えておいてください。

図　24,000円に2回跳ね返され、3回目のチャレンジ

24000円

図　前の高値や安値が意識されるとレンジ相場となる

エントリー編 1
―エントリーの基本―

- エントリーの基本は「押し／戻し」を待つこと
- 勝率を高める「有利指値」
- 終値指値と、分割エントリー

　本章と次章では、エントリー編として、「エントリーの基本（第3章）」と「勝率の高い7つのエントリーポイント（第4章）」をお伝えしていきます。

エントリーの基本は「押し／戻し」を待つこと

　買った直後に下がってしまった、あるいは売ったらすぐに上がってしまったというのは、トレードをしていれば誰にでも経験があることです。これを極力少なくしてストレスを減らし、利益をより大きくするためにはエントリーポイントが重要になってきます。

　そのために最も有効な方法が「押し戻しを待ってエントリーすること」です。

「押し戻し」とは

　チャートというものは、ジグザグに上がったり下がったりを繰り返します。上昇トレンドでは上がってはちょっと下げ、また上がってはちょっと下げ……という動きを繰り返します。この途中のちょっと下げる場面を「押し」といいます。下降トレンドは逆に、下がってはちょっと上げ……を繰り返します。この途中の上げを「戻し」と言います。

それでは、トレードのエントリー（仕掛け）ポイントはどこが有利なのか？と考えれば、前の高値／安値を抜けたときに飛びつくのではなく、**その後の「押し戻し」を待って有利にエントリーしましょう**ということです。これが、エントリーの最大のポイントと言えます。

それでは、どこまで「押し戻し」を待てばいいのか？ポイントを解説していきます。

勝率を高める「有利指値」

有利指値とは

有利指値は、「押し戻し」を狙って、より有利な価格でエントリーを狙う方法です。1分足で言えば、上がる過程での一瞬の下げ（押し）、下げる過程での一瞬の上げ（戻し）という現象です。買いの場合は、この押し（下げ）があると予測して、より有利になるよう“前の足の終値より安い価格”に指値注文します。売りの場合はこの逆で、戻し（上げ）を狙ってより有利になるよう“前の足の終値より高い価格”に指値をします。

図は買いの例です。四角で囲った部分、強い陽線が上に出たので、買いエントリーを考えたとします。陽線の終値は23,565円でしたが、成行注文で飛びつかずに、5円（または10円）安い23,560円で指値注文を

したとします。その次の陰線かさらにその次の十字線で、23,555円まで下ヒゲをつけましたので、23,560円で5円有利にエントリーすることができます。

図　買いの有利指値

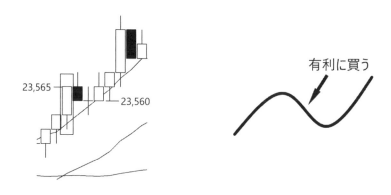

23,565

23,560

有利に買う

図　売りの有利指値

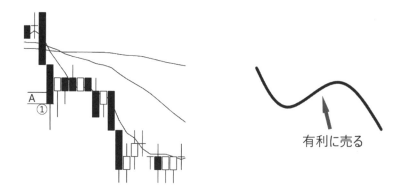

A
①

有利に売る

売りの場合は逆に、終値よりも5円〜10円高く売り指しをします。

①の足を見て売ろうと思った場合、終値より5円高いAの価格に売り

注文をすれば次の足で約定しやがて利確することができます。

　有利指値の値幅をどれくらい取るかですが、暴落中などの荒れ相場でない限り、1分足でスキャルピングする場合は5円〜10円程度が妥当です。あまり幅を取りすぎると約定しないケースが増えてしまいます。

　一方、荒れ相場では5〜10円では少なすぎます。暴落中などは激しく乱高下しますので20円〜50円、場合によってはそれ以上値幅を取るときもあります。トレードに慣れないうちは荒れ相場の時は参加せず、落ち着いた相場の時にしっかり有利指値を練習するほうが良いでしょう。

　有利指値でのエントリーは大変有効ですが、必ずしも毎回都合よく「押し戻し」が発生するわけではありません。約定せずに、置いていかれる場合も多くあります。しかし、約定しなかったからといってがっかりせず、「得もしていないが損もしていない」と割りきってください。チャンスはいくらでもやってきます。

　うまく有利な価格でエントリーできれば、すぐに利益が乗ることが多く、非常に楽にトレードすることができます。是非このエントリーの仕方を覚えて活用してください。

　特に初心者〜初級者の方は、最初は全て有利指値でエントリーしてみて下さい。約定しなかった場合でも、「もし約定していたらこの後どうトレードするか？」という視点でシミュレーションしてみて下さい。必ずトレードが上手になっていくはずです。

POINT《ここがポイント》

新高値での飛びつき買いや新安値の飛びつき売りは厳禁！
有利指値でエントリーしてみよう。

終値指値と、分割エントリー

終値指値とは

終値指値は、エントリーの目安となる足の終値の価格で指値注文することです。有利指値よりも5〜10円不利になりますが、約定するチャンスは増えるため、エントリーを優先したいときにはこの方法が良いでしょう。

指値注文が約定しない場合

「エントリーしようとして注文したが、勢い良く伸びてしまい約定しないまま置いていかれてしまった」こういうことはよくあります。

この時にどうするかですが、私の場合はまず一旦その注文は取り消して、仕切り直します。その時にこのように考えます。

1. その時点から、まだその方向に伸びるだろうか？
2. 伸びるとしたらどこまで伸びそうか？（移動平均線や高値安値をチェック）
3. 次の抵抗・支持までの値幅が十分にあれば（30円程度）次の押し戻しを待ってエントリーしてみる。
4. 決済ポイントは次の抵抗・支持あたり。

　スキャルピングの場合は5円〜20円程度を狙っていくので抵抗や支持線まで30円ほどあれば10円〜15円程度は狙えます。もちろん他の要素も組み合わせて判断しますが、おおよそこのような考えでどうするかを決めていきます。

分割エントリーについて

　実際トレードをしてみると、チャンスだったのに約定しないなど、機会損失の場面が多くあります。一日中画面の前でトレードできる方は、少々の機会損失は問題ないと思いますが、わずかに空いた時間でトレードしようとした場合、チャンスを逃すのはもったいないと感じるはずです。チャンスのときにエントリーし、5円でも10円でも利確できれば確実に資金は増えていきます。そこで、機会損失をしないための方法をお伝えします。

分割エントリーの方法

　仮にミニ2枚でエントリーする場合、まず1枚を終値または終値よりもさらに5円不利な価格（成行でも良い）でエントリーします。要する

に、必ず約定させるわけです。そして2枚目を有利指値か、または有利
指値よりさらに5円有利な価格（10円有利指値）に注文して待つという
方法です。1枚は確実に約定させ、もう1枚をより有利な価格にすること
で建玉の平均価格を調整します。

例：

　1枚目を22,100円で買い約定させ、2枚目を22,080円に指すとします。
もし2枚とも約定したら平均建単価は22,090円になりますので、22,100
円に戻っただけでも2枚で20円の利益になります。
※1枚目はプラマイゼロ、2枚目は20円の利益。

　もし2枚目の価格まで下がらずに22,120円まで伸びれば、1枚目だけ
を決済します。この場合も利益は20円です。

　このようにして機会の損失を減らすことができます。もちろん枚数が
増えれば3分割でも4分割でもすることができます。慣れてくると大変
有効な方法なので、ぜひ試してみて下さい。

　それでは、具体的なエントリーポイントの紹介に移っていきます。

第4章

エントリー編 2
─7つのエントリーポイント─

▶エントリーポイントその1 高値／安値ブレイクアウトの押し戻し

　この章では具体的に勝率の高いエントリーポイントをご紹介していきます。まずは、鉄板パターンの「高値／安値ブレイクアウトの押し戻しエントリー」です。上昇トレンドであれば「買い」で、下降トレンドの場合は「売り」で入ることができます。

ブレイクアウトとは

　ブレイクアウトとは、一定の値幅の範囲内で動いていたチャートが、上下どちらかに抜けることを指します。1分足チャートの例で見てみましょう。

図　高値ブレイクアウトの例（○部分）

　○部分の陽線でそれまでの高値を上抜け、その後は力強く上昇していきました。

図　安値ブレイクアウトの例（○の大陰線）

　こちらも、○の大陰線でこれまで割らなかった安値をブレイクし、下落の勢いが付きました。

エントリーの方法
■ 買いエントリーの場合

　買いエントリーでは、以下のように仕掛けていきます。

1.　上昇トレンドであることを確認する。
　　前ページの図の場合、移動平均線の上にローソク足がある、安値を切り上げている、移動平均線が右肩上がり、並び方も上から下に短期線〜長期線になっている。

2. 前の高値をブレイクしたのを確認する。

下の図で示したポイントAです。ここで大事なのは足が決まるまで見ることです。高値をブレイクしたと思っても1分足が決まるまでの間に戻ってきてしまう（ダマシ）こともあるからです。最後まで見届けてヒゲでなく実体の陽線でブレイクするまで確認する癖をつけましょう。

3. 「押し」を狙って指値をする。

買いの目安となるポイントAの足を見て、その終値よりも5円〜10円安い値に指値注文をします。この場面ではすぐに上がる確率が高そうなので5円有利に指して約定しやすくします。Aから2本目の足で下髭が出て約定します。

4. 決済は＋10円〜15円と値幅で決めるか、陰線が出たら決済、または25本移動平均線を陰線で割ったら決済などの方法があります。

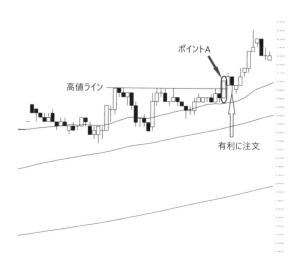

　この「ブレイクアウトの押し戻し」は、トレンドに乗る鉄板のパターンです。ポイントは、**最初に長期の時間軸のチャートも確認して、同じ方向へのトレンドが全体的に出ていること**を確認することです。トレンドが出ているかどうかわからない場合には、トレードを見送るのが無難です。

　また、決してあわてて飛びつかずに、前回の高値を抜けた後に有利指値で押しを待つことも重要なポイントです。

　もう一つ、例を見てみましょう。

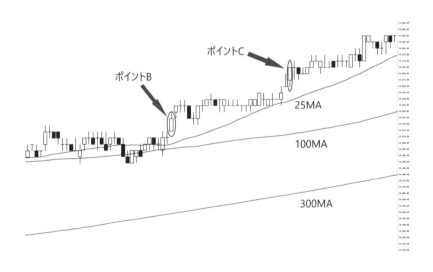

　高値ブレイクのポイントＢは、終値指値であれば5分後の十字線では確実にエントリーできました。次にしっかりと実体で上値を抜けた陽線のポイントＣでは、終値から5円下の有利指値で1分後にエントリーできます。

※ポイントBやCは分割エントリーが有効な場面です。Bの次の足も陽線で、その後も十字が2本続いて押しがない強い状態です。このような場面ではまず1枚を約定させてから押しを待てば機会損失を防げると共に、枚数が増えれば利益をより大きくできる可能性があるからです。

■ 売りエントリーの場合

売りの場合は、買いパターンの逆となります。

1. 異なる時間軸（長期足〜短期足）を確認し、明らかに下落トレンド傾向であることを確認。

2. 1分足チャートを見て、上げ渋って前の高値を抜けずに再下落し、前の安値をはっきりと陰線で下抜けたのを確認(ブレイクアウト)。抜けた足の終値から5円上に、売りの指値注文（有利指値)。

3. エントリーできたら、10円〜15円で利益確定の指値注文。あるいは値動きが横ばいになったら決済。または25MAの移動平均線を陽線で抜けたら決済など、基準を決めて決済します。

👣 POINT《ここがポイント》

トレンド方向に有利に入る順張りのスキャルピング！
長期の時間軸も確認して勝率をアップさせよう。

▶エントリーポイントその2
高値／安値ブレイクして1回目の25MAタッチ

　続いて2つ目のポイントは、前項のエントリーポイント1「高値／安値ブレイクアウト」の発生時に、次のチャンスを狙う手法です。

　勢いのある上昇／下降トレンドの初動では、移動平均線も置いてけぼりでチャートがぐんぐんと伸びていくことがありますが、その後少し緩やかになって、追いついてきた25MAなど移動平均線に当たった次の瞬間に、再度バネのように反発してトレンド方向へ伸びることがあります（強いトレンドが継続しやすい場面）。ここを狙うのがポイントです。

エントリーの方法
■ 買いエントリーの場合

　上昇トレンドが継続し、横ばいになってきましたが、25MAに当たった瞬間、まるで合図だったかのように反発してさらに上を目指します。1分足を見ながら、反発した瞬間を捉えて前の足の終値でエントリーするか、反発を先読みして、その前から入らないと置いて行かれることもあります。次ページの図の四角で囲ったエリア内くらいでエントリーできているとよかったでしょう。

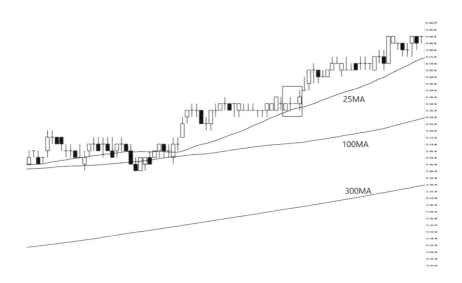

繰り返し発生する際の注意点：

　強いトレンド発生時には、この動きが何度も繰り返すことがあります。ただ、それもいつかは終わるものであり、1度目の反発より2度目の方が、また2度目より3度目のほうが、勝率は落ちます。そこに注意した上で、25MAを実体で割り込んだら根拠が崩れたと思いロスカットしましょう。1回取れたら満足して終わるのが良いと思います。

下落時（売り）の例

　この場面では、下落して横ばった後、25MAに当たって反落して下げていきます（ポイントA）。その後は、300MAも割り込んでいったん上に戻しますが、再度25MAに当たって（ポイントB）大きく反落し、全てのMAを完全に割り込んだ後、強い下落が始まりました。何度も狙うと勝率が落ちるのは、買いパターンと同様です。トレンドの強さは、3

本の移動平均線の傾きや乖離状況でも判断できますね。そのうち25MA
が横ばいになり、ローソク足が徐々に25MAを超えるようになり、上へ
の切り返しがやってきます。

🐾 POINT《ここがポイント》

トレンドが強ければ、最初の短期MAに当たったときに反発する
ことが多くある。

▶エントリーポイントその3
三角持ち合いブレイク

　続いてのポイントは、「三角持ち合いのブレイク」です。これはトレンド転換の瞬間を捉えて、転換した方向に乗っていく手法です。

　「三角持ち合い」とその特徴は、
- 上値が一定、下値が切り上げの状態→上に抜けていくことが多い
- 下値が一定、上値が切り下げの状態→下に抜けていくことが多い

　というものです。ただし、必ずしもこの通りになるとは限らず、逆に抜けていくこともあります。**いったんブレイクするとその方向にいったん動くことが多い**ため、ブレイクを確認した次の足で仕掛けます。

エントリーの方法

　エントリーは1分足チャートで、持ち合いをブレイクした足を確認し、終値から5円の有利指値で仕掛けても良いのですが、勢いがつくと5円の押しもなく行ってしまうこともあります。有利指値とするか、終値指値や成行注文で入るのか、相場状況に応じて判断しましょう。利益確定は、抵抗線になりそうな移動平均線などに注意しながら、やはり最初は10円〜15円程度が良いでしょう。

　持ち合いの時間が長ければ長いほど、溜めるエネルギーも大きくなる

ため、ブレイク後の動きが大きくなり、勢いも付きます。

　このパターンは、単独の指標としてはもちろん、後ほど出てくるWTBパターンとの組み合わせも有効です。まずは「三角持ち合い」をチャート上で探してみるようにしましょう。これまで見えていなかった形状が見えてきて、そのうちに一目見てパッと三角形が見つかるようになっていくと思います。

三角持ち合いの例1　上値が一定、下値切り上げ

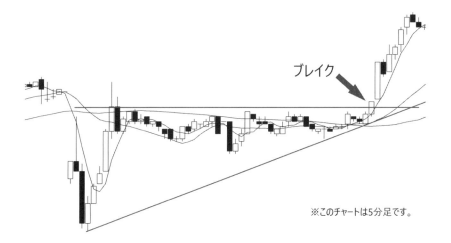

ブレイク

※このチャートは5分足です。

三角持ち合いの例2　下値が一定、上値切り下げ

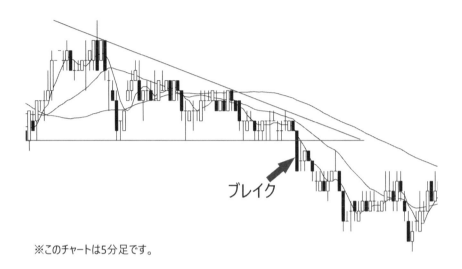

ブレイク

※このチャートは5分足です。

🐾 POINT《ここがポイント》

ブレイクした方向に勢いがつくことが多い。

すぐ伸びそうなら終値指値で入ってみるのも良いでしょう。

📍
▶エントリーポイントその4
下げ止まりからの買い

続いては「下げ止まりからの買い」エントリーをご紹介します。

本書の重要ポイントを動画で学べる!
伊藤流エッセンスを凝縮した

書籍購入者限定特典
動画コンテンツのご案内

あなたが本書の内容をより深く理解し、スムーズに実践できるように
著者の伊藤由本人が、重要ポイントを解説した特典動画をご用意しました。

動画の内容

☑ **カブステーションの設定方法**

移動平均線や「ナイトセッションあり／なし」チャートの設定など、
準備作業について丁寧にフォローアップします。これでトレード準備はOK!

☑ **「押し戻し」の極意**

最重要ポイントの一つであるエントリー時の「押し戻し」について、
実際のチャート上で示しながら詳細に解説しています。

☑ **こんな時は手出し無用!**

勝率を高めるための、見送るべき場面の判断方法を動画でもお伝えします。

☑ **分割エントリーや分割決済**

中級者以上向けの分割エントリー、分割決済についても、
より早く理解が進むよう実際のチャートを事例に解説しています。

巻末の「袋とじページ」から、
動画コンテンツへアクセス!

❗ 特典は予告なしに
終了することがあります。
ぜひお早めにご確認下さい。

　場面の条件として、長い時間軸のチャートで上昇傾向の時に、短期の
チャートでは下落トレンドが出現し、その後横ばいになってきた後の上
への反発を狙います。売りが売りを呼んで加速する下落も、そのうちに
落ちついて凪状態となり、だんだんと本来のトレンドに回帰して上がっ
ていく時がきます。その流れに乗る戦略です。

エントリー方法

1.　長期の時間軸では上昇中（弱くない）であることを確認し、直近で
　　は下落傾向、しかし下げが収まってきていることを確認。

　　※直近の下落トレンドが弱まっているチャートサイン（3ステップ）
　　STEP1：横ばい傾向、上値が一定、安値切り上げの三角保ち合いに
　　STEP2：潜り込んでいた25MAがようやく100MAに近づき上抜け
　　STEP3：ローソク足も25MAを抜け、100MAも抜けた上で推移

2.　この時、「高値／安値ブレイクアウト」パターンのように、一定だっ
　　た上値を実体で抜ける陽線が出現（ブレイクアウト）するのを確認。
　　その足の終値から5円下で有利指値します。

3.　10〜15円／または抵抗線になり得る300MA手前で利益確定。

　具体的なチャートで見てみましょう。上昇トレンド中の一次下落の場
面です。

　下落が落ち着いて、短期の移動平均線（25MA）が下向きからだんだん横向きに、そして徐々に上向きになっていきます。高値が一定で、横ばいで推移し、安値がだんだんと切り上がっていきます。ローソク足が25MAの上で推移するようになります。そして、25MAが100MAを上回り、ローソク足も100MAを超えたのと同時に、前の高値を初めて実体で上回ったのが、○で囲んだAの陽線です。「下げ止まりからの買い」の強いサインです。

　この場合は、上記のように、Aの足が2本の移動平均線のゴールデンクロスと、そしてローソク足も100MA上抜けを同時に達成した強いエネルギーポイントでしたので、その後、押しがなく上がって行ってしまいました。「強い」と判断したら、終値指値や、次の陽線に（分割でどうしてもエントリーしたい場合などは）成行で乗っていく覚悟も必要な場面でした。

ただ、横ばい期間がもっと長く、緩やかに続いた場合は、こうしたサインの足から、5円の有利指値でも十分間に合い、約定することも多くあります。

▶エントリーポイントその5
WTBロジック（ダブルティービーロジック）

続いてはWTB（ダブルティービー）ロジックです。WTBとは、ダブルトップ・ダブルボトムの略称で、私が独自に考えた呼び名です。こちらも、すでにご存じの方も多いでしょう。チャートの形として、ある一定以上の上昇をしてきてから、ピークを2つないし3つほど作ってから下落していく形がダブルトップ、トリプルトップと呼ばれています。また一定以上の下降をしてきてから、ボトムを2つないし3つほど作って上昇に向かう形がダブルボトム、トリプルボトムと呼ばれています。

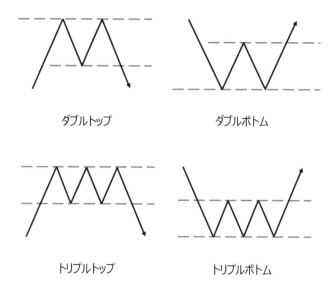

ダブルトップ   ダブルボトム

トリプルトップ   トリプルボトム

エントリー方法

　WTBのロジックは、一定以上の上昇または下降の後、ダブルないしは
トリプルの形になった後、ローソク足の実体が25MAを半分以上越えた
ら次の足でエントリーします。

具体例1 ▶ ダブルボトム

　具体的に見ていきましょう。図はダブルボトムの場面（1分足）です。
一定の下降があった後、まず、〇部分で25本線を上抜けました。またす
ぐに下げますが、前の安値を割らずに切り返して、再び25本線を越えて
きました。ここでWの形が完成しています。25本線をローソク足の実体
が越えたポイントAを見届けてから、次の足で買いエントリーします。

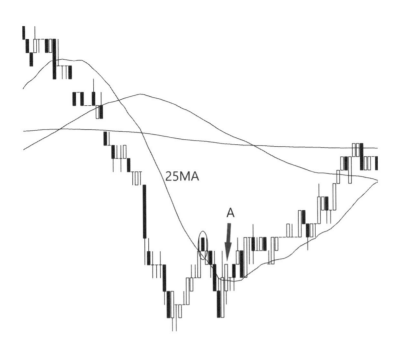

具体例2 ▶ トリプルトップ

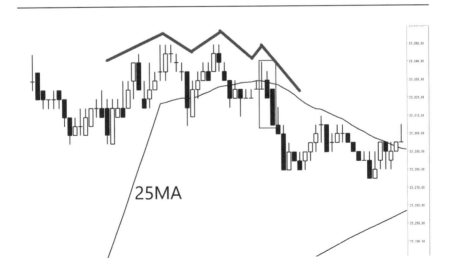

　寄り付きから高く始まった場面です。そのため25本線も上向きに始まりました。その後、ダブルを作った場面でも勇気を出して売れなくはないですが、強い寄り付きなので少し危険性があると思います。

　より確実なのは、3回目の負けが明らかになった四角で囲った3本です。早い人なら1本目のトウバ線を見て、2本目の陰線で入り、3本目で利確できるでしょう。ゆっくり見た場合、3本目の大陰線を見て下への確信を得て、次の足で5〜10円上の有利指値で入っても、その後の下落を取るのに間に合います。

具体例3 ▶ ダブルボトム＋25MA&100MAのゴールデンクロス

　なかなか25MAを半分以上越える足が出ず、ポイントAで1回目、ポイントBで2回目が出て、小さなWTBが成立しました。前の安値も切り上げています。ただし、上から100MAが降りてきており、抵抗になる可能性があるため、見送ったとします。すると、難なく100MAを抜けて、さらに陽線で推移しました（ポイントC）。ここでは次の抵抗の300MAまでまだ余地もあるため、「強い」と確信して買いで入ってもいいでしょう。ただ、有利指値をした場合は入れなかったでしょう。WTBと移動平均線のゴールデンクロス（25MAが100MAを上抜け）という期待できるサインが重なりそうで、ある程度上への勢いがあるとの判断が正解だったケースです。

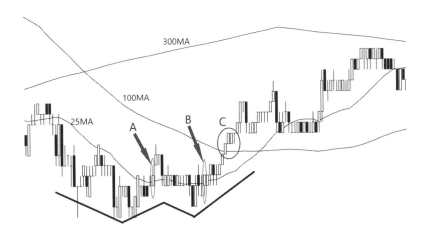

🐾 POINT《ここがポイント》

ダブル、トリプルを作るときに確認しよう！

● 前の安値を切り上げているか

● 前の高値を切り下げているか

25MAと100MAのゴールデンクロス（買い）、デッドクロス（売り）が掛け合わさるとさらに期待できる。

▶エントリーポイントその6
逆N字

　続いて紹介するエントリーパターンは、「逆N（エヌ）字」です。

　チャートが「N」の字を引っくり返したような軌跡を描く、「売り」の
パターンです。具体的に見ていきましょう。

　図のように、チャートが移動平均線を下に割り込みます。しかし、いっ
たんは「戻し」があって上へ跳ね返されます。しかし、先ほど割り込ん
だ移動平均線が今度は上の抵抗線となって、移動平均線に当たって負け
て、再度下落していきます。そしていったんは下げが加速するという動
きです。下落トレンドの初動に乗る動きともいえます。

図　逆N字

エントリー方法

1. ローソク足が移動平均線を割り込んで、いったん上に戻すものの、先ほど割り込んだ移動平均線が、今度は上の抵抗線になる（上値切り下げ、下値切り下げの下降トレンドの初動であることを確認）。

2. 戻しの後、移動平均線に当たって負けて、下げていくことが明確になった足を見て売りエントリーします。いったんは下落することが多い形です。勢いがつきやすく、有利指値ではヒットしないこともあります。スキャルピングと考えて10円〜15円の利益確定、また

は25MAを再び上抜けるまでホールドしてもいいでしょう。

いろいろな逆N字

逆N字には、いくつかパターンがあります。

- 25MAを割ったあと、下の100MAで反発。再度上の25MAに当たるが負けて、100MAも今度は割る動き（25MAが抵抗パターン）
- 25MA、100MA、300MAも一度目の下落で割った。しかし、少し下げていったん再上昇。今度は300MAが強い抵抗となり、当たってから再度下落する動き　など

明確なサイン

😺 POINT《ここがポイント》

ダウ理論と移動平均線を組み合わせて、下降トレンドの初動に乗る「逆N字」を使いこなそう。

▶エントリーポイントその7 ORブレイクアウト

　本章の最後、エントリーポイントの7つ目は、「OR（オープニングレンジ）ブレイクアウト」です。

　「オープニングレンジ」とは、だいたい寄り付きから30分以上〜約1時間くらいで（きっちり決まっているわけではありません）、"上と下に動いて"レンジが形成されたら、その高値と安値の間の価格帯をORと呼びます。そのラインをブレイクしたら、その方向にいったんは伸びる傾向があります。それに追随する手法が「ORブレイクアウト」です。

　単純にこの手法だけでエントリーするのではなく、その他の要素（移動平均線の状態、ダウ理論、高値安値ブレイクアウト等）と組み合わせてトレードして行く方が安全です。例えば、「5分足でもしっかり前の高値／安値を抜けたのを確認し、押し戻しを待ってエントリーする」などです。

エネルギーの強さ

　ORの時間は30分以上が望ましく、抜けるまで長くかかったほうが、抜けた後のエネルギーが強い傾向があります。

手出し無用のパターン

　ORの中で生まれた高値と安値の間をずっと推移する場合は、トレンドがはっきりとしないレンジです。トレードは控えたほうが安心です。

図　ORブレイクアウトの例

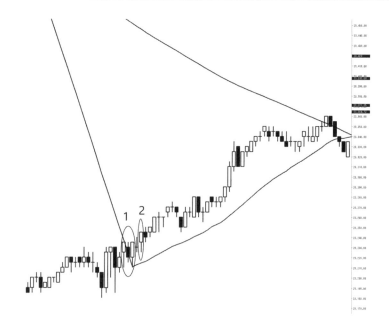

エントリー方法

1. その日のOR形成を観察し、高値と安値を決めます。
2. そのラインを明確にブレイクしたら、有利指値などでブレイク方向にエントリーします。

　前ページの図の日はギャップダウンで弱く始まりましたが、○1のエリア（09：07〜09：09）で、寄り付きから形成してきたレンジ（OR）を上抜け、上から降りてきた25MAもあっさりと上に抜けました。やや短めのORですが、節目の時間である9時を超えての上抜けで、上の移動平均線ともだいぶ距離があり、買いを考えられる場面です。あるいはその後の09：11のさらに強い陽線（○2）で、より確信を持ってエントリーしてもいいでしょう。

ORブレイクに当てはまらない場合

　寄り付き後に"上と下に動いて"がなく、一方方向に行ってしまう場合はORではありません。特に前日からのギャップが大きい時などは要注意です。この場合は別の考え方でエントリーしていくことになります。

　ぜひ、過去のチャートを振り返って、色々なORの形と、ブレイク後の動きを確認してみてください。

超重要! 押し戻しの見極め方

　7つのエントリーポイントをお伝えしてきましたが、すべての基本は「押し戻し」を待ってからエントリーすることです。

　これだけでも成績がガラリと変わる大切なポイントですので、この押し戻しの見極め方について解説します。

押し戻しの見極め1 ▶ 5分足の半値戻し

　上昇中に高値ブレイクアウト、また下落中に安値ブレイクアウトしたときに、「抜けたから、押し戻しを待とう」と考えます。考え方として、明確に抜けた場面の5分足が完成したら、その5分足の「半値」ほど押し戻しが入ることがよくあります。例えば5分足に40円の幅があれば、20円程度の押しです。この「5分足半値戻し」をエントリー時に意識してみましょう。

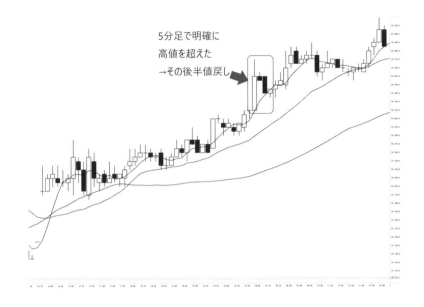

図　5分足で明確な高値ブレイク→半値戻し後、再上昇

5分足で明確に
高値を超えた
→その後半値戻し

押し戻しの見極め2 ▶
押し戻しがあって、再び上がってきたところ（買い）、
再び下げてきたところ（売り）

　次のポイントは、より勝率を高め、安全・確実に「押し戻し」でエントリーする方法です。例えば買いの場合、高値を明確に抜けて、「押し」で下げてきたため、エントリーしますが、そのまま下がり続けてしまって、ロスカットになってしまうケースがあります。より勝率を高めるためには、「押し」が終わったことを確認して入ることが大切です。**押しで下がった後に、再び上がり始めたことを確認できる足が出たら、エントリーしてみましょう。**売りも同様に、いったん戻しが入り、再び下げてきた足を確認して売ることが大切です。5分足の半値戻しを意識するこ

とに加えて、重要なポイントです。

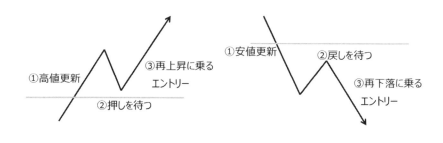

①高値更新　　　　　　　　　③再上昇に乗る
　　　　　　　　　　　　　　　　エントリー
　　　　②押しを待つ

①安値更新　　　②戻しを待つ
　　　　　　　　　　③再下落に乗る
　　　　　　　　　　　エントリー

　上の図は、先ほどの「5分足半値戻し」のチャートを、1分足で見た（5分足を分解した）ものです。5分足の半値戻しを待って、さらに再上昇してきたポイントAを見て買えれば、その後の上昇に乗ることができました。

　「勝率の高いエントリーポイント」の1つ目に「高値／安値ブレイクアウト」をご紹介しました。「有利指値」で、5円の押しを待って入る手法です。同じ場面で、「押しの後の再上昇」まで見て入れば、下記のポイントになります。

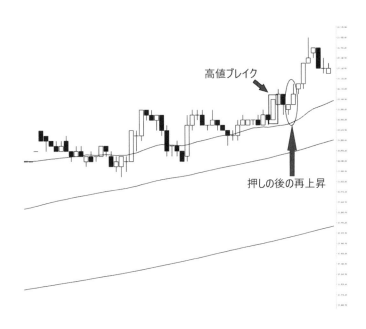

5分足を分解し、1分足でエントリーする意味

　私のトレード手法の「肝」の部分がこの「押し戻し」のご紹介に凝縮されていますが、考え方としては「5分足を1分足に分解して見ている」ということです。そのために、5分足で有効な移動平均線を1分足でも表示したり、「押し戻し」でも5分足を基点に捉えています。

　5分足の半値戻しを意識しながら、「押し戻しの後の再びの再上昇／再下降」を、1分足でいちはやく捉えていくことで、相場がトレンドに回

帰しようとする初動に乗り、勝率の高いエントリーを実現する。この考え方に慣れていただけると、ぐっと理解が深まると思います。

「なかなか値幅が取れない」「買ったら下がってしまう」「売ったら上がってしまう」という経験が多い方は、この「押し戻し」を待てず、高値や安値で飛びつかれている可能性があると思います。

すべての場面で、「押し戻し」は必ずあると思ってトレードすることをぜひ意識されてみて下さい。

> ## 🐾 POINT《ここがポイント》
>
> 1分足で5分足の動きをいち早くキャッチ！
> 勝率の高いエントリーポイントを見つけよう。

エントリーの呪文
「オシモドシ」！

第 **5** 章

エグジット編
─利益確定・ロスカットの心得─

- ・利益確定はまず、有利指値から＋10円〜15円で
- ・5円倶楽部で、勝率とメンタルを育てる方法
- ・ロスカットはエントリー根拠が崩れたら
- ・前の高値・安値をロスカット基準にする場合
- ・横ばいになったら／時間が経ったらいったん切る
- ・利益を伸ばすには〜分割で有効に利益確定する方法

利益確定はまず、有利指値から＋10円〜15円で

　本章では、エントリー後の利益確定やロスカットといった決済（エグジット）の戦略についてお伝えしていきます。まず、基本となる利益確定の考え方からお話していきましょう。

10円〜15円の利益をコツコツ積み重ねる重要性

　スキャルピングとは本来、相場の流れにごく短時間だけ乗せてもらう手法です。そのため、優位性の高いポイントを捉えてエントリーしたら、ポジションを持ちすぎずに決済するのが勝率を高めるコツです。10円〜15円での利確を基本として、利益確定も指値注文で行っていきます。10円が良いか15円が良いかは、その日の相場状況や前の高値／安値や抵抗線の位置を見て決めたり、15円に届きそうで届かないので指値を10円に変更するなどの形で行っていきます。

最初は＋5円〜10円を積み重ねよう

　初心者の方やまだトレードに慣れていないという方は、はじめのうちは、5円〜10円を利益確定値としてみて下さい。少ないと思われるかもしれませんが、5円〜10円を確実に取れるようになったら、かなりの勝ち組トレーダーです。そして、慣れるに従って徐々に利益確定値を伸ばしていくことができるようになります。ですから最初は利益確定の感覚

を掴みながらトレードに慣れていくことが重要です。

「有利指値」の有効性

　第3章でお伝えしたような「優位性の高いエントリーポイント」で、5円有利の有利指値でエントリーできたとしたら、そこから＋10円で利益確定できる可能性は非常に高まります。ぜひ「有利指値」を有効に活用してみて下さい。

大切なのは「見切り千両」の意識

　「見切り千両・損切り万両」という格言がありますが、スキャルピングで結果を上げていくためには「見切る」ことも非常に大切です。良いエントリーの場合、平均10分以内には＋10円〜15円で決着がつくものです。そうではない場合、例えばちょっとプラスになって戻ってきてしまった場合は、無理に粘るのではなく、＋5円や同値や–5円で切るのが得策です。スキャルピングは「瞬間の勝負」であることを覚えておきましょう。

🐾 POINT《ここがポイント》

まずは有利指値で短い利確を積み重ね、スキャルピングの感覚を掴もう。

5円倶楽部で、勝率とメンタルを育てる方法

　突然ですが、「5円倶楽部」とは何か？これは私の運営している「ステップ バイ ステップ（SBS）チャートリーディングコミュニティ」で生まれた造語で、225先物ミニで最小単位である「＋5円」の利益を積み重ねていくやり方です。勝てる確率が当然高まりますので、トレードが楽しくなり、自信が付くというメンタル効果があります。私のトレードの弟子である「ダンディーS」さんが、ご自身の経験をもとにその効果を語った資料をご紹介しましょう。

　～SBS講座内資料　ダンディーSの『私が"ブレイクスルー"した4つのポイント』より、ダンディーSさんの文章を抜粋～

　（中略）次に取り組んだのが5円で利確の習慣です。

　人によるのかもしれませんが、私（ダンディーS）の場合、少しでも利益が乗ってくると「これはもっと伸びるんじゃないか！？」と勝手に思い込み、もっともっと！と欲が出ることがとても多かったのです。

　そうするとあっという間に元に戻ってきてしまって、利益だったはずがロスカット（泣）ということがよくありました。

　「5円で利確」の習慣は、利益額ではなくて"勝率を上げること"が目

的で取り入れました。

　勝率を上げることで、「負けて泣きべそをかいて、いじけそうになる自分」から脱し、「勝ち癖を付けて自信をつける」ということが最大の目的です。

　何よりもメンタルの大事さを痛感している私はこの方法を取り入れることにしました。

　するとどうでしょう。実行してすぐに、本当にあっという間に勝率が上がっていきました。勝率が上がってくると、自信も出てきて精神的にも安定します。

　いつも冷静にトレードに向き合うことができるようになり、非常に良い効果が生まれました。これが狙っていた結果です。

　1枚で5円は額としては小さいかもしれません。しかし将来的に、10枚、20枚、100枚運用できるようになれば、たった5円でも大きな価値を生みます。

　実は金額以上に、「5円だったらいつでも取れる」と思えるそのメンタルルこそが重要だと思います。

　「なかなか勝てない、勝ちぐせを付けたい」という方はまずは5円からやってみてはいかがでしょうか。

　これを5円ではなく10円にしてみても良いと思います。私も5円から始め、次は10円というように意識しました。

　伊藤先生には、「トレードが楽しくなり自信もつき、もっと研究しようと思えるとても良い方法だと思います。ですが忘れないで欲しいのは、常にできるだけ利益を伸ばすという意識です。この損少利大の意識だけは常に持っていてください。シミュレーションでも良いので。」

　というアドバイスをいただいています。このことも是非ご参考にされてください。

　〜抜粋ここまで〜

　いかがでしたでしょうか。ダンディーSさんが提唱された「5円倶楽部」は、ダンディーさん自身が身をもって実感されたように、トレード

の初期に勝ち癖と自信を付けるステップとして、あるいはうまくいかない時に立ち止まって自らのトレードを見つめ直し、自信を回復させるためにも効果のある手法だと思います。

　私の上記アドバイスにあるように、ずっと5円倶楽部ではなくて、徐々に利益を伸ばす意識を心掛けることで、より安定したトレーダーに最速で近づけるのではないかと思います。

ロスカットはエントリー根拠が崩れたら

　続いて、ロスカット（損切り）についてです。エントリーした後にポジションが逆行してしまった場合、「どこでロスカットしたらいいのか？」この答えは明確で、「エントリーした根拠が崩れたら」となります。

エントリーした根拠が崩れたらロスカット

　「エントリー編」でお伝えした、各エントリーには根拠がありました。例えば「高値／安値をブレイクアウトしたこと」や、「オープニングレンジ（OR）をブレイクしたこと」などですね。このように、エントリーした根拠が明確になっていれば、ロスカットの考え方は単純で、「**その根拠が否定されたとき**」にロスカットします。

　たとえばWTBの場面です。2回目（もしくは3回目）の25MA抜けというのがWTBの条件でした。であれば、エントリー後、25MAを逆方向に完全に割ってしまったら原則的にロスカットします。エントリーした根拠が否定されたことが理由です。次のチャンスを狙いましょう。

経験則では、25MA割れ／抜けして逆行したときか、最大−15円も目安に

　私の経験則では、WTBに限らず、25MAを逆に抜けることは一つロスカットの指標となります。買いであれば、移動平均線の上に出ているから買ったのに、その根拠がいったん否定されたことを示すからです。また、25MAとの位置関係に関わらず、最大−15円を実体で付けた足が出たら、次の足で潔くロスカットすることも有効な考え方です。スキャルピングではコツコツと利益を積み重ねていくため、15円以上の損失を許容していくと、なかなか損小利大が確立しづらくなっていくためです。

　ただし、大事なポイントは、ヒゲで−15円を付けてもロスカットしないと言うことです。ヒゲは一瞬付けた価格に過ぎず、それほど強いサインではないという判断からです。あくまでも実体で−15円を付けたのを見届けてから、次の足で即決済することが大事です。ですが、画面を見られないときなどは、安全のため必ず逆指値ロスカットを入れて下さい。その場合は、15円でも、あるいは「ヒゲで引っかかったらもったいないな」と思えば20円でも、裁量判断でよいでしょう。

　また、もう一つ大事なことがあります。それは、「明確な根拠を持ってエントリーしないと、ロスカットする根拠も持ちづらくなる」という

ことです。軽い判断でエントリーしたり、感情に任せてエントリーして
しまうと、それが落とし穴で、どこでロスカットしていいかわからなく
なります。ぜひ、明確なエントリーポイントでのみ仕掛けるようにして、
根拠が崩れたら浅くロスカット、これを継続していきましょう。

| 図　ヒゲでロスカットしない

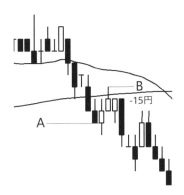

　下落中のチャートです。上の図の「A」の価格で売りエントリーした
とします。直後にBのラインまで戻り、−15円の上ヒゲがタッチしまし
たが、実体ではないのでロスカットしません。その後下落していきまし
たので、十分利確することができます。

> ## 🐾 POINT《ここがポイント》
>
> **エントリーした根拠が崩れたら即ロスカット。**
> **これを正しく行い、トレーダーとしてのレベルをアップ！**
> **大事な資金を守ろう。**

前の高値・安値をロスカット基準にする場合

　もう一つのロスカット方法として、値幅が小さいときのみ使えるロスカット方法があります。それは、「前の高値・安値を抜けたらロスカットする」です。

図　前の高値にロスカットを置くのが有効だった場面

前の高値

②―15円

①

A

　先ほどと同じチャートの、続きの場面で見てみましょう。今度は図の「A」の足で下値をブレイクアウトしたのを確認し、その次の戻しの陽線で①のポイント（5円の有利指値）で売ったとします。②のラインが−15円ですが、それよりさらに15円上が前の高値ラインですね。さらにここは、上の抵抗となる移動平均線とも重なるラインです。ここにロスカットを置く方法もあります。この場合、前の高値を上抜けるヒゲか、前の高

値以上で終わる実体が出たらロスカットします。この方法は、ロスカットとしてはとても有効な方法です。この図でも、−15円と決めていたらポイント②の足でロスカットですが、「前の高値まで見る」方法であれば利益になったわけです。ただし、後述する、3枚以上でのトレードを行っていく場合に用いたほうが良いでしょう。10〜15円の利益に対して、25〜30円のロスカットですと、利小損大となってしまうからです。また、トレードに十分に慣れてきてからこの方法を行うようにしていきましょう。

🐾 POINT《ここがポイント》

前の高値／安値を目安にしたロスカットも有効。
ただ、一回の損失幅が大きくなるため、リスク・リワード比を
考慮しましょう。

横ばいになったら／時間が経ったらいったん切る

本来、良い場面でエントリーできればかなりの確率で、間を置かずに利益が乗っていくことが多く、有利指値で10円〜15円のスキャルピングでしたら、多くの場合はエントリーから決済まで、10分もかからないことがほとんどです。なのに、例えばエントリーした後に思うようにチャー

トが動かず、横ばいが続いたり、どっちつかずの動きでエントリーして から15分も利益が確定できないといった場合、その後、いったんは逆に 行くことのほうが多いといえます。そうした雰囲気を可能な限り早く察 知し、いったん決済し、仕切り直して次の機会をうかがうのが得策です。

本来、場面を選んでエントリーしたのに、長い横ばいや買いであれば 大きな陰線、売りであれば大きな陽線といった現象が起こったのであれ ば「今回はおかしいな」と感じ取り、傷の浅いうちにいったん決済をし た方が正解です。

相場は逃げません。何回もチャンスが来ます。良いところだけやれば 良いのですから、そうでないときは変なプライドを持たずに、即断即決 で損失を最小限に抑え、また次の機会に備えましょう。

🐾 POINT《ここがポイント》

予想が必ず当たるわけではありません！
状況に応じて早期に戦線を撤退する判断力を養いましょう。

利益を伸ばすには〜
分割で有効に利益確定する方法

　エグジット編の最後に、トレードに慣れてきた頃の中級テクニックである「分割決済（分割で利益確定する方法)」をお伝えします。

　10円や15円を繰り返し取っていくことでも十分に利益になっていきますが、大きく動く相場のときに、それではもったいないと感じることが多々出てきます。**「利益を出来るだけ伸ばす」** というのは相場で勝ち残っていく上で大変重要な条件です。「利益が乗り、順調に伸びているときにはできるだけ我慢して利益を大きくする」ということは、頭ではわかっていても、実際はそれがなかなかできません。

　その理由は人間の脳の構造にあります。人間の脳の構造は、

<u>利益確定＝勝利は早く決めてしまいたい</u>
<u>ロスカット＝敗北はできるだけ認めたくない</u>

　このようにできているのです。ですから、本能のままトレードしますと、利確は早く、ロスカットは遅くなってしまい、利益が小さく損が大きい、損大利小となってしまいます。

　これを解決するための方法が「分割決済」です。 分割決済は、一度に全部のポジションを利確せず、数回に分けて利確していく方法です。複

数枚でエントリーする必要がありますが、心理的にも非常に楽で有効な
方法ですので、これから詳しく説明していきます。

分割決済の仕方

2枚以上でエントリーした場合に使える方法です。

1. 2枚でエントリーした場合、1枚を＋10円で利確します。

これで、10円は確保されましたので、仮にもう1枚が同値に戻ってき
てしまっても、10円の利益は残ります。この心理的な余裕がとても重要
です。これによって、余裕を持って見ていられるようになります。

2. もう1枚はできるだけ伸ばします（一定の利益を確保して伸ばすこ
  と、これをトレイリングストップと言います）。

どこまで伸ばすかですが、2枚の場合、はじめのうちは2枚目を＋15
円や、または＋20円に決めても良いでしょう。しかしもし、できるだけ
伸ばすのであれば、有効な指標があります。それは、**先物チャート1分
足で、ローソク足が25本移動平均線を逆に抜けるまで伸ばす**という方法
です。前述しましたが、1分足の25本線と5分足の5本線はほぼ一致し
ています。5分足での5本線をローソク足が割るというのはトレンド転換
の一つの目安ですから、ここでの決済は非常に有効です。「逆に抜ける」
というのは、買いポジションであれば、25本線を上から下にローソク足
が陰線で割った時を指し、逆に売りポジションであれば、25本線を下か
ら上にローソク足が陽線で上抜いた時を指します。図をご覧下さい。

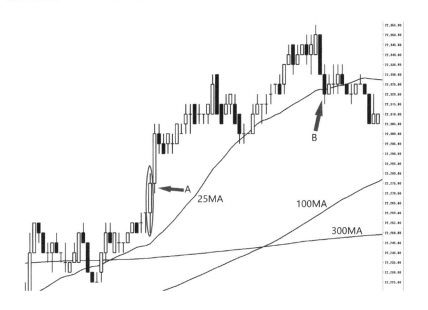

　丸で囲った強い陽線を見て、その次の足の矢印Aが指すポイントで2枚、買いエントリーしたとしましょう。まず、その足も強い陽線だったため、1分以内にすぐに1枚、10円利確できます。＋10円

　もう1枚を伸ばします。25本移動平均線を陰線で下抜けするまで我慢してみます。矢印Bの部分で、終値で25本移動平均線の下にはっきり抜ける足が出たため利確します。50円の利益となります。＋50円

　1枚目＝10円　2枚目＝50円　合計60円でした。1枚あたり30円の利益ということになります。スキャルピングでの1トレードとしては十分な利益です。

　また、もっと強いトレンドが継続する場面だったら、もっと伸ばしたいという気持ちも出てくるでしょう。そうした場合の考え方として、3枚以上でエントリーするなら、3枚目をより伸ばせることになります。

　それでは3枚目をどこまで伸ばすか？ですが、これは、本書で学んでいる、チャートを読む技術「チャートリーディング」の視点を活かして判断していきます。例えば以下のようなケースが考えられます。

〈3枚目の決済ポイントの例〉
● 買いエントリーで1枚目を＋10円〜15円で決済後、上昇。1度25MAを下に割ったので、2枚目も決済。だが、その後再度上昇したため、2度目に25MAを割るまで待って3枚目を決済
● 動きが小さくなり、チャートが横ばいになったので決済
● トレンドが明らかに転換したので決済
● 逆のエントリーサインが出たので決済　ほか

　しかし、分割決済にすれば必ずうまく行くかと言えば、もちろんそんなことはありません。図をご覧下さい。

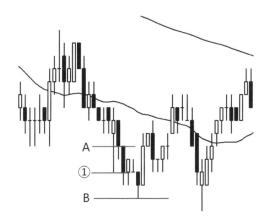

　Aのラインで売りエントリーしたとします。その下の①のラインで＋10円です。その後＋20円の安値の下ヒゲ（Bのライン）をつけて戻ってきてしまいました。

　このような事もよく起こりますので、対処方法の一つをお伝えします。「1枚目を＋10円で決済、2枚目を＋5〜20円、またはできるだけ伸ばす。3枚目以降0〜できるだけ伸ばす」という方法です。2枚目は、決済できずに戻ってしまったときでも、最低5円は確保するということです。図では、ポイント①のあと、もう＋5円（エントリー価格から＋15円）であれば決済することができました。ただし、チャンスは非常に短かったと言えます。「3枚目以降0〜できるだけ伸ばす」の意味は、最悪でも同値で撤退するということです。思った方に動かずに戻ってきてしまっても、エントリーした値では逃げるようにします。図のように急激に戻されることもありますので、同値に逆指値を置いておくのも良いでしょう。

　例えば3枚で、10円＋15円＋5円＝30円取れたとしたら、1枚あたり

10円ということになります。**トレンドが出ない場合はこれでも十分に成功トレードです。**

　それほど強いトレンドがでないと判断した場合はこの方法が良いでしょう。「それほど強いトレンドがでないと判断」すること自体が難しいのは確かですが、例えば、後述の重要指標の発表前や、要人発言の前などは様子見で動かないことが非常に多いのは確かです。

　トレードを続けていくとわかると思いますが、強いトレンドが出ることのほうが少なく、一定の幅でのレンジの時間の方が、圧倒的に長いのです。それでも、分割決済を活用することで、トレンドにうまく乗れた時には大きな利益にすることが可能になってきます。

　大事なことは、前述しましたように、**負けトレードの時のロスカットはできるだけ金額を少なくし、チャンスの時に大きく取る、これが損小利大の秘訣です。**分割決済をする最大の理由は、心理的負担を軽くし、出来る限り損小利大にするためです。本当は全ての枚数をできるだけ伸ばすほうが利益は大きいに決まっていますが、それはなかなか困難です。

　ですから、最初の＋10円決済で利益を確保し、2枚目を20円〜、これで3枚目が同値まで戻ってしまっても1枚あたり10円は確保できます。残りを余裕を持って見ていられる事が大事なのです。これができるようになってくると、割合を変えることで更に利益を大きく出来ます。

　例えば10枚運用するとして、
　1回目の決済2枚

2回目の決済3枚

3回目の決済5枚

など、このように調整することができます。

　まずはこの分割決済を活用して少しずつ取れる利益を伸ばして下さい。慣れるに従って、必ずこの手法の威力が発揮されることになるでしょう。

すでに利益が
確定した状態だから
安心して見ていられるね♪

勝率を高める
もうひとつの方法

手数はリスク

　トレードの世界でよく聞く言葉に「ポジポジ病」というものがあります。トレードしたくて仕方がなく、エントリーを繰り返してしまうことです。特に初心者が陥りがちなのですが、これは勝てないトレーダーの典型です。大してチャンスの形でもない時にエントリーを繰り返せば当然勝率は下がり、資金は減っていきます。しかし一攫千金や丁半博打のような感覚で最初はやってしまいがちなのです。ポジポジ病は私自身も、私が見てきた多くの初心者トレーダーもほぼ全員かかりました。そのくらい、特に最初のうちは手数が多すぎると思ってよいでしょう。

　トレードチャンスは実はそれほど多くはありません。「待つのも相場」という言葉があるように、チャンスが来るまでじっと待つというスタンスが大切です。

　そのためには、チャートをありのままに見て（曇りなき眼で）、エントリーを見送るべき場面を知っておいたり、時間帯やその時の相場状況に応じた対処方法を知っておくことです。正しい市場知識や見送りポイントを知り、チャートを正しく読めていれば、それだけトレードの勝率が高まり、大切な資金を守ることにつながりますから、本章ではそうしたポイントを押さえておきましょう。

▶見極めポイント1
手出し無用のパターン紹介

　まずはこれまで出てきたポイントも含めて、「こんなときは手出し無用」という場面をまとめました。ここに記載された場面をしっかりと見送ることができたら、それは勝率と利益に直結するスキルとなります。個人投資家の強みは、「いくらでも見送ることができる」ことにあります。「三振バッターアウト！」はありませんので、どんどん見送って、ど真ん中の直球だけを打ち返すようにしていきましょう。

手出し無用パターン1 ▶ トレンドがなく、レンジである

　スキャルピングは「トレンドを捉えて乗る」行為です。トレンドがないということは上下どちらに行くかわからないということですので、トレードは見送りです。

レンジの見極め方（復習含む）：
- ダウ理論で見たときに、明確なトレンドが出ていない
- 3本の移動平均線が近過ぎる／横向きである／ねじれている
- 直近の高値と安値の間でダラダラと推移しており方向感がない
- OR（オープニングレンジ）の範囲内で推移し、いつまでもブレイクしない

　このほか、もし、チャート上でボリンジャーバンドを利用している方

であれば、「上下のバンド幅が急激に狭まっている（縮小し始めた）」こ
とも、レンジに移行しつつあるサインとなり、トレードは見送りが無難
です。

手出し無用パターン2 ▶ 移動平均線が近くにある場合

　エントリーしたい方向のすぐ近くに移動平均線がある場合、抵抗に
なって跳ね返される可能性があるため、トレードは控えたほうが無難
です。移動平均線もしっかりと抜けてから、押し戻しを待ってエントリー
する方が確度が高いでしょう。

見極め方：
- 特に1分足300MA（5分足60MA）は、1度では抜けないことが多い
- 2本、3本のMAが重なる「連合軍」は、より強い抵抗として働く
- 移動平均線に当たらずに、少し手前で跳ね返ることもよくある
- 長期の時間軸のMAもよく見ておく（抵抗としても強く働く）
- 移動平均線の傾きも重要（横向きの場合は抵抗の強さも弱まる）
- 移動平均線まで少し距離があるなら、少額の利益を狙っても良い

手出し無用パターン3 ▶ 前の高値／安値や節目価格が近い場合

　第2章基礎編の復習となりますが、直近の高値／安値や区切りの良い
節目価格、長く停滞していた価格帯などは、抵抗線にもなりやすいです。
こうした価格が近すぎる場合には、エントリーを控えましょう。少し距
離がある場合は、こうした価格帯の手前で利益確定を行いましょう。

手出し無用パターン4 ▶ ナイトあり／なしチャートで見え方が違う

　これも基礎編の復習です。ナイトセッションあり／ナイトセッションなしチャートで見え方が違う場合、トレードは要注意です。どちらか一方がトレードに不利な形をしていたら、見送りが無難です。朝は違うチャートのようでも、だいたい午前中をかけて両方の形が揃ってきます。両方が同じ方向性を指している場面のほうが、勝率がぐっと高まります。

手出し無用パターン5 ▶ 上位の時間軸を見ると危ない時

　スキャルピングは短時間の足を見ながら行いますが、長期足チャートの支持線や抵抗線は短期のトレードでももちろん作用しますから、事前に確認しておきましょう。強い抵抗線が近くにある場合、トレードは控えます。また、長期足で見た時のトレンドが短期のトレンドと逆の場合、短期で仕掛けるスキャルピングにおいても、早めに利確するなど注意してトレードするほうがよいでしょう。

抜けないな〜と思ってよく見たら、
長い時間軸の移動平均線に
当たってた！　あるあるだ…

手出し無用パターン6 ▶ 重要な経済指標の発表前

　以下は代表的な重要経済指標です。これらの指標が発表される時間帯にチャートに向き合っていられる時は、うまく行けば大きな利益になる

反面、動きが激しくなることも多いため、大きく損するリスクもあります。トレードする場合には十分に注意してください。

- 日銀金融政策決定会合
- 米国雇用統計
- 米FOMC政策金利発表
- 米国GDP

　各指標の発表時期・時刻は、FX会社などの提供しているカレンダーサイトが便利ですので、「経済指標カレンダー」などのキーワードで、インターネットで検索されてみてください。

その日に発表される
経済指標と予定時間を、
トレードの前に確認しておこう!

　利益を急いでエントリーを増やすのでなく、ご紹介した見送るべき場面で手を出さないことが実は勝率を高め、安定して勝ち続ける道につながります。−15円の損を防ぐことは＋15円の利益を守ることに等しいですので、エントリーはここぞという場面に絞りましょう。

POINT《ここがポイント》

手数はリスク。急がば見送れ！

📍
▶見極めポイント2
5分足を最後まで見よう

　私のトレードでは、5分足で有効な移動平均線（5MA、20MA、60MA）を分解して1分足で表示（25MA、100MA、300MA）させています。つまり、5分足で発生している流れに、ごく短期の1分足で乗っていく手法です。そのため、目の前の5分足が陽線なのか陰線なのか、どのような形であるかを確認しておくことは、トレードの勝率にも影響します。

エントリー時に確認しておくこと

　それまでの5分足の流れ（トレンド・強さ弱さ）はもちろん、今まさに形成されようとしている5分足がどのような形になりそうかを意識します。例えば買いのエントリーチャンスがやってきた時に、その時の5分足も「陽線で終わる」または「移動平均線の上で終わる」など好条件が重なると、勝率が1歩高まります。逆に、5分足が陰線で終わったり移動平均線を割り込んで終わると、そのまま下がってしまうこともあります。意識して観察していただければ、経験とともに実感できると思いま

す。そのため、チャンスの時にも、例えば「あと2分で5分足も決まるので、それを見てエントリーしてみよう」と、5分足が有利な形に決まるのを待ってからエントリーするのが良いでしょう。「押し戻し」を待ちながら、5分足が自分のエントリー方向に対して問題ない形に決まるのも待ってエントリーできれば、勝率はいっそう高くなります。

> ## 🐾 POINT《ここがポイント》
>
> 直近の5分足（陽線か陰線か、MAの上下どちらで終わるか）をしっかりチェック！
> エントリー・利益確定・ロスカットをするタイミングの判断材料としよう。

▶見極めポイント3
その日のパターン認識

　チャートを読む力が付いてきたら、ふとしたきっかけから、パターンというものが見えてくることがあります。「あれ、最近この動きが多いな」というものや「これは高値圏で発生する例のパターンだな」といった具合です。よくある例をご紹介します。ぜひ、チャートの見極めにお役立て下さい。

チャートパターン① ▶
押し戻しが深く、25MAでなく100MAが機能する

　チャートの値動きが荒めで、押し戻しが深く入るパターンです。1分足の25MA（5分足5MA）が主な抵抗や支持として機能せず、そこは何もないかのように素通りされ、100MA（5分足20MA）が主に機能する日があります。何度も25MAは素通りしますが、100MAで反発してトレンドを形成していきます。2回ほど続いた時点で、「次もそうなるかもしれない」と目線を変えて、その日は様子を見る、あるいは利益確定目標やロスカット目標を25MAから100MAに変更するなど、臨機応変に対処して、無駄なロスカットを減らしていきましょう。

チャートパターン② ▶ 高値圏に特有のレンジ

　数年来の高値圏、年初来高値圏など高値で推移しているときは、「買い」も入りやすいものの、利益確定の「売り」も入りやすく、チャート自体は何日も膠着してしまうことも多くあります。トレンドが読みづらく、どちらに行くか分からないときは「高値圏特有のレンジ相場」と捉え、無理してエントリーせずに、次の動きが出るまで待ちましょう。当たり前のお話ですが、レンジの後には、また必ずトレンド相場がやってきます。

チャートパターン③ ▶ 節目時間に特有の動きが何日か続く

　チャートを見ていると、毎日同じ時刻に同じような動きを繰り返すことがあります。例えば、「9時になると突然、大量の売りが発生して急落

する」ですとか、「しかし、その後は大体戻す」「ヨーロッパ時間が始まると、大体一方向に動く」などです。こうしたパターンが、何日か繰り返されることも多くあります。ずっと続くものではないこともももちろん念頭に置きながら、その時々の傾向を敏感にキャッチして、「今日も起こるかもしれない」と心の準備をして臨むようにしましょう。

▶見極めポイント4
荒れ相場の見極め

　その他、気をつけるべき相場環境として、「荒れ相場」があります。

　これはレンジ相場とは真逆の状況で、おもに暴落などの時です。年に数回は発生する暴落などをきっかけに、ボラティリティー（価格の変動幅）が大きくなり、必要証拠金も値上がりします。新型コロナウイルスの感染拡大がもたらした2020年2月からの大暴落（いわゆる「コロナショック」）は、まさにこの状況だったと言えます。値幅の動きがとても大きくなりますので、10円や15円といった小さい値幅でトレードするロジックでは通用しなくなります。海で言えば嵐と同じです。スキャルピングトレードのロジックは、小回りの利く敏感な小舟ですので、比較的穏やかな天気に向いています。嵐のときには大きな船でなければ安全に航行できません。荒れ相場では乱高下に対処するべく、大きな値幅でトレードする必要が出てきますので、それなりのロジックと技術が必要になってきます。通常のスキャルピングは、落ち着くまで見送るべきです。

値動きが大きいと、
ロスカットにもなりやすい！
戦場に出ないのも良い戦略だワン…

▶見極めポイント5
注意すべき時間帯

　本章の最後のポイントとして、時間帯による値動きの特徴についてお伝えします。市場は時間帯によって値動きに特徴があります。ここでは日経225先物のデイセッションとナイトセッションそれぞれについて見ていきましょう。勝率を高めるために、ここも外せないポイントです。

デイセッション（日中）8：45〜15：15
08：45　先物オープン
09：00　株式市場オープン
10：30　中国市場オープン
11：30　株式市場クローズ　昼休み
12：30　株式市場オープン　昼休み明け
14：00　中国市場昼休みあけ
15：00　株式市場クローズ
15：15　先物クローズ

※注意する時間帯※

　9：00　株式市場がオープンする9時ちょうどから、大きく値が動いたり、方向が変わることがよくありますので要注意です。9時前にポジションを持っている場合は、可能な限り、9時前に決済しておくことをおススメします。

10：00　中国市場の気配値が出てきますので、動くことがあります。

＊10：30の中国市場オープンからおよそ11：00くらいまでが活発に動きやすい時間帯です。<u>10：30の前には、原則としてポジションは決済しておきましょう。</u>

11：30～12：30　株式市場の昼休みの時間帯ですが、先物や為替は動いているため、仕掛け的な動きが起こる時があります。

12：30　昼休みあけにトレンドが出たり、それまでの動きが反転したりすることがあります。動きが出れば、チャンスともなり得ます。

＊13時から14時は小康状態になることもあります。

14：00　中国市場の影響を受けて、値が動くことがあります。

14：30前後～　玉（ポジション）の整理がはじまりますので、予想に反した動きになることがあります。特に週末や連休の前、SQの前、月末などはその傾向が顕著ですので要注意です。

15：00～15：15　魔の時間帯とも言われます。15時以降に急に値動きが変わることもしばしば起こりますので要注意です。

15：15　先物クローズ

エントリーとしては、遅くとも14時45分くらいまでをリミットとし

たほうが良いでしょう。それ以降ですと時間切れで決済できない場合も出てきます。証券会社のデイトレ専用口座でしたら、どんなポジションであろうと15：15に強制決済されてしまいます。もしポジションを持ったまま、利益が乗っていて伸ばしているという場合は、15時を過ぎても持っていても良いでしょう。ただし、15時以降に突然流れが変わることもよくあります。また、必ず15：09までに決済して下さい。

　15：10から15：14までは、注文のみの受け付けとなり決済はできません。15：15の時点では指値では約定しない場合もありますので、必ず15：09までに決済を完了するようにして下さい。

ナイトセッション（夜間）16：30〜翌5：30
16：00　欧州市場　夏時間オープン
16：30　先物　ナイトセッションオープン
17：00　欧州市場　冬時間オープン
22：30　NY市場　夏時間オープン
23：30　NY市場　冬時間オープン

　ナイトセッションは欧州市場とニューヨーク市場の影響を大きく受けますので、その2つの市場のオープン時間は把握しておきましょう。

　動きが出やすい時間帯は、16：30〜午前2時頃までで、特にニューヨーク市場がオープンする時間帯はトレンドが出ることも多いです。

　NY市場のオープン前後はそれまでのトレンドの逆転などがよく起きますので要注意です。オープン前にはポジションを持たないようにして、

オープン後にエントリーするほうがより安全といえます。午前2時以降の時間帯は出来高が少なくなり、動きも小さくなることが多いです。

　ナイトセッションでは16：30〜翌2：00くらいまでのトレードを推奨しますが、最近は引けまでトレンドが出ていることも多く、その場合は上記に限りません。またナイトセッションは海外の重要指標や要人発言によって大きく動くことがあります。本章でご紹介した重要経済指標は必ず押さえておいて下さい。

トレード推奨時間帯

デイセッション（日中）8：45〜15：09
ナイトセッション（夜間）16：30〜2：00頃まで

　本章でお伝えしてきた「相場環境を見極めるワザ」を駆使して、ぜひ、より精度の高いエントリーにつなげ、怪しいときには無理せず見送りのできる「負けづらい」中級者以上のトレーダーのレベルを実現していきましょう。

第 7 章

まだまだある！
追加のエントリーポイントや
チャートサイン

▶追加ポイント1
鬼のツノ

本書も後半〜終盤に差し掛かってきました。ここでは、第4章でご紹介したほどの鉄板ではないものの、優位性高くエントリーできるチャートパターンを一気にご紹介しましょう。まずは、WTBにも似た「鬼のツノ」です。

チャートの形としては、いったん上昇してきた後、跳ね返されて「押し」を作りますが、前の安値は割らずに、再度上昇していきます。通常ならば上がる形なのですが、今度は前の高値にも届かずに、上ひげを1〜2本付けて、下がっていきます。ダブルトップに似た弱い形で、売っていけるサインです。チャートが「鬼のツノ」のように見える形です。

　2本目のツノが完成し、移動平均線を割ったのを確認して売りエント
リーできます。このチャートは5分足ですが、全てのMAを割った※で
エントリー可能です。大きく下落していく場合もありますが、勢いを見
ながら欲張らずに、基本通り10円〜15円で利益確定していくとより確
実でしょう。

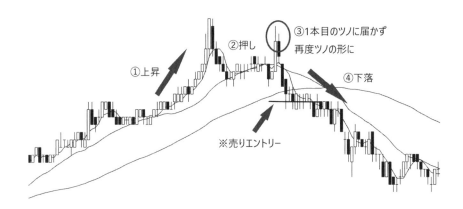

①上昇
②押し
③1本目のツノに届かず
再度ツノの形に
④下落
※売りエントリー

POINT《ここがポイント》

鬼のツノ

☑ 2本目の鬼のツノが、1本目のツノの高値にも届かない。

☑ 本来上がっていくべきときに上昇しきれず、再上昇の芽を抑え
られた形。

コーヒーカップのようなお椀型を描き、右側に取っ手（ハンドル）を描く形です。その後、上昇していく形であり、逆さに出た場合は下がる形です。

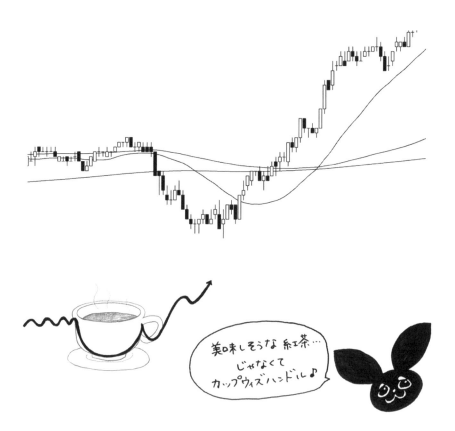

　2回目の押しが浅く、下値を切り上げているということと同じですが、形に特徴があります。カップ型の大きな半円を描き、その後に小さな半円を描いて上がっていきます（逆型の場合は下げていきます）。

　移動平均線や前の高値などの絡みで、エントリー位置はケースバイケースですが、2度目の半円（取っ手）が完成する場面で見極めていきます。

　前述の図では、小さな取っ手が完成し、すべての移動平均線の上に陽線で出た〇印の足を見て、5円の有利指値で買ってみる、などがよいでしょう。2分後には、確実に5円有利に買うことができ、その後上昇していきます。

　次の図は、もう少し長い時間でカップを作った例です。やはり、取っ手の形を作って移動平均線の上に出てきたときが、上昇のサインになっ

ています。

　高値で出現した場合はそれほど上げないこともありますが、下降後から上昇に転じる過程でこの形がでると、強烈に上げることも多いです。

🐾 POINT《ここがポイント》

カップウィズハンドル

☑ チャートを俯瞰し、見逃さないようにカップの形を探してみよう

☑ 取っ手が完成する最終段階で、「ここ」という陽線でエントリーを判断してみよう

▶追加ポイント3
弧を描いて下げるパターン

　「カップウィズハンドル」にはひっくり返したパターンもあるとお伝え しましたが、特に暴落の時などは、カップの取っ手もなく弧を描いて下 げていくパターンが多く見られます。安値を更新し、いったん戻りが入 るものの、移動平均線に負けたりしてダラダラと弧を描いて下げていき、 また前の安値を割っていく動きです。

図　弧を描いて下げるパターン

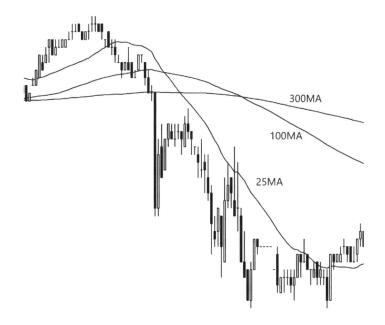

　前ページのチャート図では、上の方で上昇→下降の山を描いた後、大陰線で移動平均線の下に大きく突き抜け、いったんは戻しで上昇するものの、1分足の25MAを超えられずに、繰り返し弧を描くようにして下げていきました。

　この図のように、比較的ダラダラと弧を描く動きが継続する下げもあります。

　下落トレンド時には、こうして弧を描く動きを繰り返しながら、大きな値幅をもって下げていく動きが連続することも多くあります。チャートの形を覚えて、ぜひチャンスで乗れるように準備しておきましょう。

POINT 《ここがポイント》

弧を描いて下げるパターン
- ☑ 弧を描いて前の安値を割ったら、勢いよく下げることも多い
- ☑ 暴落時は弧を描いては下げ、描いては下げを繰り返すことが多い

▶追加ポイント4
しゃがみこみ

　上昇トレンドの中で、いったんしゃがみこんでまた上に出てきたときは、下げを否定しての再上昇であり、その後しばらくは上がりやすい形と言えますので覚えておきましょう。チャート例で見てみましょう。

図　しゃがみこみ

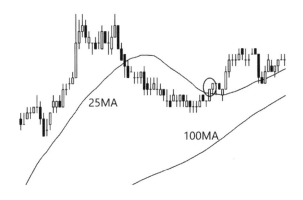

チャート図の左側で、きれいなダブルトップを付け、25MAを割り込みいったん下落しました。ですが、下落の勢いはそこまでなく、前の安値までも下げずに、○印の部分で再び移動平均線の上に出てきて、陽線が続きました。移動平均線を完全に上抜ける陽線で再上昇を確認し、5円の有利指値でエントリーすると、その後の上昇で余裕をもって利確することができます。「下げそうで下げなかったんだから、やはり上」というしゃがみこみの場面でした。しゃがみこんだ分のエネルギーも溜まっているので、その後いったんは上げていくことが多いパターンです。

POINT《ここがポイント》

しゃがみこみ

☑ しゃがみこんでまた上に出てきたら、再上昇の合図の可能性

☑ トレンドは上方向であることが前提です

▶追加ポイント5
色々なヒゲ

チャートに現れる「ヒゲ」から、色々なサインが読み取れることがあります。いくつかの例をご紹介します。

チャレンジのヒゲ

　高値圏でもみ合いになっているときや、一度しゃがみ込んでまた上がってきたときに、意欲的な上ヒゲの足が「ポコン」と出ることがあります。値動きが緩やかに停滞していた中で、このヒゲにより、相場の流れのヒントが生まれるようなイメージです。上ヒゲの場合は、買い手が高値にチャレンジしていることを示す、いったん上昇する可能性を感じさせる現象であり、「チャレンジの上ヒゲ」と名付けています。下のチャート図の黒丸部分で出ているヒゲなどがその例です。

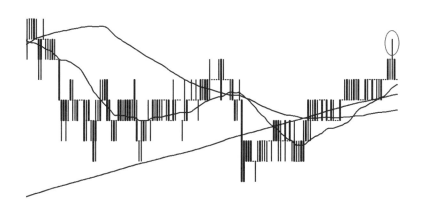

　下げの場合もこうしたヒゲがあります。もみ合いでそろそろ下げそうかなという雰囲気の時に、前の安値や今日のレンジを下抜けるヒゲが「ポ

コン」と出たら、下落が始まるかもしれないと捉えてみましょう。

　新規に高値を買う人がいなければチャレンジの上ヒゲは出ませんし、売りの下ヒゲもまた、たとえ安値でも売り込んでいきたい人がいる証拠です。停滞局面から、次の流れを考える一つのヒントに、チャレンジのヒゲを活用しましょう。

長い上ヒゲ、下ヒゲ

　下落局面での長い下ヒゲは、売りのエネルギーをそのヒゲで消化し切っていればその後いったん上に戻りやすく、その逆に上昇局面での長い上ヒゲは、いったん上昇の勢いが止んで下降しやすくなります。

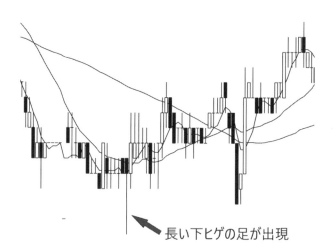

長い下ヒゲの足が出現

チャートは下落トレンドの中で、長い下ヒゲを付けています。これだけ長い下ヒゲが出ると、いったん逆に戻すことが多くあります。もし、この下落の勢いに乗って売ってしまっていたら、その後ロスカットになっていたでしょう。このように長い下ヒゲや上ヒゲが出た場合は、トレンド転換の一つの目安になることがあります。

🐾 POINT《ここがポイント》

色々なヒゲ
- ☑ 様々な局面に現れるヒゲの形から、次の動きを考えよう
- ☑ 長いヒゲが出現したら、逆への動きも注意

▶追加ポイント6
複数のエントリーパターンのセット

第4章と本章では、勝率の高いエントリーポイントをご紹介してきました。また、その他の章でも、優位性の高い場面の選び方、見送り方などをご紹介しました。エントリーの根拠は、多ければ多いほど有利であり、勝率は高まると言えます。そこで、いくつかエントリー条件が重なっている例をご紹介します。

| 図　ORブレイクアウト+逆N字 |

寄り付き

5分足チャートです。オープニングレンジのブレイクアウトと、逆N字が同時発生したパターンです。寄り付きから安く始まり、矢印の陰線（朝の9：35でした）でその日のORを下にブレイクし、逆Nの形を作って、2つの条件が重なって下げていく形になりました。

図　高値ブレイクアウト～1回目の移動平均線タッチ＋三角持ち合いブレイク

　第4章でもご紹介したチャートですが、実は「高値ブレイクアウト後の1回目の25MAタッチ」に加えて、小さな三角持ち合いも上抜けした場面でした。より上へのエネルギーが溜まっていた有利な場面と言えるでしょう。

　このように、エントリーパターンが重なれば重なるほど、勝率の高さは高まり、鉄板がさらにぶ厚い鉄板となります。そのときに、ダウ理論や移動平均線の並び・向き・乖離はどうか、長い時間軸でも抵抗や支持はないか、ナイトあり／なしも問題ないか、5分足の状況は？などと複合的な視点で捉えることで、限りなく高い勝率を追求していくことができるでしょう。

　最初のうちは、全てをチェックすることは大変かもしれませんが、ま
ずはこうしたエントリーポイントが来たときに、相場がどのような動き
を見せるか、観察するだけでもチャートを読む眼がついていくでしょう。

第**8**章

資金管理編
―リスクを抑えて着実に資金を 増やす方法―

「資金管理」まずはここから

　投資において、資金管理は非常に重要です。しっかりした資金管理の裏付けがあってこそ、リスクを抑えながら口座資金を着実に増やしていくことができ、ロスカットも平常心でできるようになります。本章では、スキャルピングトレードでも欠かせない資金管理の考え方、重要ポイントについてお伝えしていきます。

重要ポイント① ▶ デイトレ専用口座を推奨

　お伝えしてきたように、225スキャルピングではデイトレ専用口座を推奨しています。その理由は、

1. 資金効率が非常に良い―証拠金が半分で取引できる
2. 場の終わりには必ず決済される（万が一、決済注文ができない場合でも自動的に決済されるので、暴落時などでも被害が少なく済む可能性が高い）

　ということです。さらに、証券会社によっては

3. 自動ロスカット機能がついている証券会社もある

　このため、例えば「証拠金の50％を割ったら自動的に決済」などの設

定をしておくことで、万が一の時の被害を一定に抑えることができます。

重要ポイント② ▶ トレードは余裕資金で行うこと

　決して使うあてのある生活費などでトレードしてはいけません。すぐに使う必要のない余裕資金で行うようにして下さい。さらに言えば、「無くなっても良い」という資金量で始めるべきです。これによって、持っているポジションに対して過度に一喜一憂するリスクを抑え、冷静にトレードが行えるようになります。

　お金を増やそうと思ってトレードをしても、逆にすべてのお金を失う可能性があるのが投資の世界です。ですから一瞬たりとも大きなリスクを背負ってはいけません。ではどのくらいのリスクが適正リスクかということですが、勝率50％で一日の損失資金が投資資金に対して1〜2％以内に抑えることができれば、安全の範囲と言えるでしょう。しかし最初から50％の勝率は難しいと思います。ですのでしっかりとデモトレードを行い、練習をしてから実弾を入れるようにしてください。

　非常に有名な投資家であるラリー・ウィリアムズの言葉を引用しておきます。

　「感情的な問題を引き起こす原因は、たいていポジションの建て過ぎにあります。

　どうしても資金の投入しすぎになります。トレードをやりすぎるのです。すると感情的におかしくなります。マネー・マネジメントは感情マネジメントです。感情的なゆれが大きくなるのは、投入した自分のお金の額が大きくなりすぎるからです。」

次項からは、ステップを踏んで運用資金を増やしていく方法をお伝え
します。ここからは実際のトレードの進め方のお話となります。そのた
め、順番が前後しますが、次章でお伝えするデモトレードによる練習な
どを経て、トレードに十分慣れた上でのお話であるとご理解下さい。

👣 POINT《ここがポイント》

資金効率が高く、リスクも少ない「デイトレ専用口座」を使おう。
「必ず」余裕資金でトレードを！

▶STEP1
最初はミニ1枚からスタート

2020年9月現在、日経225先物ミニを取引するための証拠金は約12
万円です（証券会社により異なります）。証拠金が半分になるデイトレ口
座でしたら、約7万円の資金があれば証拠金ぶんと多少の余裕を持って
トレードできることになります。

まずは次章でお伝えする、トレードの練習となる「デモトレード」を
行って、発注ソフトの操作に慣れ、勝てる感覚を掴んでから実際のトレー
ドに移っていきます。

　実際のトレードの際も慎重に、最初は**ミニ１枚から始め、証拠金プラス１〜２万円を入金し**、スタートしてください。

　ここからスタートしてトレードを行い、もし負けが続いて資金が証拠金を割るか、割る前でも、なかなか勝てないと言う場合は、デモトレードに戻ります。そしてデモトレードで自信がついたら、再度入金してスタートします。そうして、**ミニ２枚を運用できる資金にまで増やしてみて下さい。**

　値幅10円の利確であれば、現在であれば60回以上も勝ち越す必要があると思うでしょうが、そうではありません。第5章「利益を伸ばすには」でお伝えした「分割決済」の考え方を１枚でも実践してみてください。

　最初は10円の利確からはじめます。10円利確ができるようになったら、次に「今10円で利確した」と仮定して、実際は利確せずに２枚目のつもりで15〜20円取る練習をするのです。そうして次には１枚目、２枚目を利確したと仮定して、３枚目のつもりで伸ばす練習をします。この過程で、ロスカットや同値撤退もたくさん経験するでしょうが、継続していけば上達しますし、それにともなって資金は増えていきます。

　別途資金を入金して増やすのではなく、実力を伴いながら資金が増えていくことが重要です。１枚で増やすことができなければ、２枚ではもっと増やせません。ましてや10枚以上では、あっという間に資金を失ってしまいます。１日に３〜４回トレードして勝率が60％程度としても、平均して毎日20円は十分に勝てるようになります。そうなれば１ヶ月半程

度あれば2倍にすることができます。

　最初はもどかしいと感じるかもしれませんが、ここでの経験が必ず後に生きてきますので、最初はミニ1枚からスタートしてみて下さい。

※毎日たくさんの回数をトレードできない場合
　この場合は、2枚になるまで時間がかかりすぎてしまうこともあります。そこで、最初は1枚でトレードしながら「もしここで2枚あったとしたら、分割エントリーできるのに」という場面でシミュレーションします。また、「もしここで2枚エントリーしていたら、分割決済できるのに」という場面でもシミュレーションします。こうした練習がほぼ毎回できるようになり、シミュレーションの成績も安定して利益が残り、自信がつけば、入金して2枚にしても良いでしょう。

🐾 STEP1《ここがポイント》

☑ スタートはミニ1枚から。証拠金プラス1〜2万円だけを入金。
☑ まずはミニ2枚を運用できるまで増やしてみる！

▶STEP2
ミニ2枚を運用する

　ミニ2枚を運用できるようになるということは、つまりは資金を約2倍にしたということですから、相当実力がついてきたはずです。口座の証拠金は、必要証拠金プラス1〜2万円×2となっているはずです。ここで初めて2枚運用にします。

　しかし、想像がつくと思いますが、何回かでもロスカットしたら証拠金が減って、すぐに1枚運用に戻ってしまいます。その場合は1枚に戻し、また増えたら2枚にという具合に、行ったり来たりしながら経験を積んで下さい。2枚運用になると単純に2倍の利益ではなく、実際に2枚目を伸ばせるようになるので、勝ちトレードの利益が格段に増えるはずです。一方慣れるまでは、ロスカットを失敗したりなどの経験もするでしょう。少ない枚数のうちにこの経験を積むことが大切なのです。

　初めは1枚目を＋10円で決済、2枚目を＋20円で決済することからはじめても良いでしょうし、2枚目は1分足25MAを逆に抜けるまでなど、できるだけ伸ばす方法でも良いでしょう。場面がよく見えていれば、おそらく両方を織り交ぜながらトレードをすることになると思います。1枚運用で経験したことがここで生きてくるはずです。そうして、**3枚運用できるまで増やしてみて下さい。1枚を2枚にした時よりも、はるかに早いスピードで3枚運用にできるはずです。**

STEP2《ここがポイント》

☑ 2枚運用⇔1枚運用を繰り返して経験を積んでいく

☑ 2枚目の伸ばし方を学びながら、ミニ3枚を運用できるまで 増やしてみる

▶**STEP3**
ミニ3枚を運用する

口座資金が当初の3倍以上になった時から3枚運用が可能になります。 ここまでお読みいただいたあなたはもうおわかりだと思いますが、私の スキャルピング手法の本領が発揮されるのは3枚目以降からです。

1枚目を＋10円で決済、2枚目を＋20円〜で決済、3枚目をできるだ け伸ばすという、心理学に基づいた損小利大の方法を使えば、利益は飛 躍的に伸びていきます。

もちろんこの段階でもミスしたり、ルールを破ってしまったりして、2 枚運用に戻ったりを繰り返すと思いますが、その段階を経て、4枚、5枚 というように増やしていって下さい。

このようにして増やしていって10枚〜20枚運用できるようになった

頃には、全く別のレベルになっていることを必ず実感するはずです。

分割エントリーした場合も分割決済？

なお、分割エントリーをした場合、決済も分割で行うのは、少し複雑に思う方もいると思います。そもそも分割エントリーの狙いは、エントリーを重視して、計画的に有利指値での買い下がり／売り上がりを行い、ポジションの平均値をより有利にすることにありました。そのため、好みによりますが、決済は一括で行ったほうがシンプルです。

> **🐾 STEP3《ここがポイント》**
>
> ☑ 3枚目をできるだけ伸ばす「本領発揮」で、資金の増加に応じて枚数を増やしていく
> ☑ ミスや負けで資金が減ったら、入金はせずそこからまた枚数を減らして増やしていく

▶STEP4 自分に合った枚数やスタイルでトレードを続ける

ここまできたら、あとは自分に合ったスタイルを見つけ、継続していくことが大事です。何枚くらいの運用が自分に向いているのか、試しな

がら資金を増やしていって下さい。

　例えばミニ100枚ですと証拠金600万円〜で運用でき、10円で10万円の利益ですから、とても高いパフォーマンスです。毎日10円ずつでも1ヶ月で200万円になります。もうおわかりだと思いますが、10枚で値幅100円（＝利益10万円）を取るよりも、100枚で値幅10円（＝利益10万円）を取るほうが、はるかに簡単です。資金が増えることで、「勝てる場面だけエントリーすればいい」という余裕ができ、それがまた資金の増加につながるという好循環を生み出します。ですから、大事なのは実力をつけることです。どうか焦らずに着実にステップを踏んで、常勝トレーダーを目指していただきたいと思います。

🐾 STEP4《ここがポイント》

☑ 自分に合った枚数・スタイルでトレードを続けていく
☑ 良い場面だけを選び、大きな資金で勝負できれば効率が上がる

投資における「万が一」のリスク

　「資金管理編」の最後に、有事など万が一の事態が起きた際のリスクについてお伝えします。特に、コロナショックから間もない現在のような

相場状況では、気に掛けておく必要があります。

　2020年2月〜3月にかけてのコロナショック相場では、実に高値約23,800円付近から底値15,800円台と、約9,000円もの大変動がありました。1日に1,000円幅が動くのが当たり前という、信じられない相場となっていました。

　このほかにも、1日に1,000円以上暴落した例としては、例えば2016年11月9日の米大統領選挙（トランプさんの当確がわかるや否や、1日で1,300円という大暴落）、ほかにも2016年6月のイギリスEU離脱選挙や、2015年8月のチャイナショック、2013年の5月23日にも1日で1,000円以上の暴落が発生しました。

　選挙など事前にわかっているイベントの場合は、ポジションを持たないなどの準備ができますが、それ以外の事件や事故などの場合はいつ暴落が起きるかわかりません。ですから画面に向き合っていられないときには、必ずロスカット注文をするように習慣を付けておきましょう。

　なお、大きく値が動く可能性が想定されるものとして

- 各種イベント（選挙、要人発言、重要指標の発表など）
- 地政学的リスク
- 金融リスク
- 自然災害リスク

などがあります。

　投資の最終判断はあくまでもご自身で行い、自己責任の範囲内で行ってください。決して無理な金額でトレードせず、十分なデモトレードを繰り返し、練習をしてから実践に臨んで下さいますようお願いします。

第**9**章

トレードの進め方
―心構えとメンタル編―

- ・指針1　基本ルールを理解し、外れずにやってみること
- ・指針2　まずは練習を重ねること（デモトレード）
- ・指針3　トレード履歴を記録し、振り返ること
- ・指針4　得意なパターンを一つ見つけ、伸ばしていくこと
- ・指針5　利益に執着し過ぎないこと
- ・指針6　16年間続けている瞑想法のご紹介
　　　　　～実はトレードにも直結
- ・指針7　良い仲間を作り、支え合うこと

▶指針1
基本ルールを理解し、外れずにやってみること

　本章では、これまでご紹介してきた日経225のスキャルピングトレードを正しく実行し、勝ちを積み重ね、「長く勝ち続けるトレーダー」に最短で成長するための心構えやメンタルの築き方をお伝えしていきます。

　まず大切なことは、お伝えしてきた**「基本的なルール」をご理解いただき、その通りに実行していく**ことです。

　基本ルールとは、まさにお伝えしてきた情報そのものです。例えばトレード準備（移動平均線を設定し、ナイトあり／なしチャートを表示し、長期〜短期の時間軸を確認）に始まり、ダウ理論や移動平均線でトレンドを確認する、その時の時間帯や指標に注意しつつ、「手出し無用パターン」などの見極めポイントを考慮しながら、優位性の高いエントリーポイントだけエントリーすること。押し戻しを待って有利に入ること、利益確定やロスカットのルールを守ること、などです。

　私の講座では、それまでのトレード経験に関わらず、1年足らずで勝てるようになる方が続々と生まれていますが、そうした方にまず共通する点は「素直に基本通り、ルールを守ってトレードしていること」です。

　ただ、本書でご紹介した内容を、なかなか一度でご理解いただくことは難しいため、繰り返し読み込んでいただき、特典動画もぜひ繰り返し

ご覧いただいて、雰囲気を掴んでいただければと思います。「何度も繰り返し学ぶ」というのも、早く結果を出す方に共通する特徴です。

　また、後ほどご紹介する私の運営する講座でも、より深くチャートリーディングを学んでいただけます。

　ルールが分かっていても、なかなか正しく実行できなかったり、自己流になってしまうことが多いものです。これまで、気分や勘を頼りにトレードしていたという場合は、まずそこから抜け出す必要があります。ぜひ、本書で書かれたことを1歩1歩確認しながら、着実な「トレード道」を歩んでいきましょう。

🐾 POINT《ここがポイント》

早く結果を出す人の特徴
☑ 素直に基本通り、ルール通りにトレードしている
☑ 日々コツコツと、繰り返し学んでいる

何事も基本が大切！オス！

▶指針2
まずは練習を重ねること（デモトレード）

　大切なお金を失わないための秘訣として、お金を入れてトレードする前に、何度もシミュレーション（デモトレード）で練習をすることが大切です。すぐにトレードしたいと言う気持ちはよくわかりますが、そこはぐっと気持ちを抑えて、まずはデモトレードから行って下さい。

　そして、エントリーから決済、ロスカットまで、発注ソフトの各種操作にも慣れ、勝てる感覚、利益が残っていく感覚が掴めるようになり、「いける」と思ったら実弾でのトレードに入る。手が合わない時期が来たら、またデモトレードに戻る。このリズムで、デモトレードを上手に活用し

ていきましょう。自分が不調なときも実弾でトレードを行わねばならない理由はありません。

初めてトレードする際の注意点

特に初心者〜初級者の方は、すぐに入金してトレードを始めずに、最初はデモトレードでの練習をオススメします。慣れないうちは、発注価格のミスや、売りと買いを間違えたり、建玉を決済するつもりが新規で発注してしまうなど、トレード本来の内容とは違うミスを起こしてしまうものです。まずこうしたミスをデモでなくすようにしましょう。

それでは、デモトレードのやり方をいくつかご紹介していきます。

リアルデモトレードのやり方

実際に場が開いている時に、リアルタイムで行う練習です。先物チャートと、発注に利用する証券会社の注文画面の両方を開き、以下の手順で行って下さい。

〈リアルデモトレードの手順〉
①チャート画面を見て、エントリーできるポイントを探します。
②エントリーと判断できる足が出たら、有利指値の価格を確認します。
③注文画面でその価格に注文をする手前まで行います。
④板を見ながら、約定したかどうかを判断します。
⑤約定したと思ったら、決済注文の価格を確認し、注文を入れたことにします。

⑥利確か損切りかを判断します。

　トレードが終わったら、忘れずに記録を付けましょう。紙に「エントリーした時刻、ポジション（買いまたは売り）、発注した価格、その決済の結果」を書き記します。

例
〇月〇日
09：38　買い20925円　→　09：45　決済20935円　＋10円
09：54　売り20950円　→　約定せず
10：15　売り20920円　→　10：23　決済20935円　−15円

　こうしておけば、あとで振り返ることができます。実際にトレードを行っているつもりで真剣に、特に初心者の方は慣れるまで十分に取り組んでみて下さい。

過去チャートを用いたデモトレード

　過去のチャートに遡って行うやり方です。自分でチャートを1分ずつ動かしながら、リアルデモトレードと同じように、エントリー価格や決済結果を記録していきます。

　通常の証券会社のチャートソフトではあまり過去まで遡れませんが、「TradingView」や「225Labo」といったサービス、また最近ではスマートフォンアプリでも過去のチャートを遡って見られるもの（「Chartbook」など）が出てきています。しっかりと移動平均線を3本表示させて、で

きれば１分足と５分足の両方が同時に見られるものが良いでしょう。

　トレード記録を付けることの重要性については、次項でもご紹介します。

🐾 POINT《ここがポイント》

デモトレード活用のメリット
- ☑ 自己資金を失うことがない
- ☑ 操作ミスをなくし、勝ちパターンを掴むための練習が積める
- ☑ 自分の状態と相場のリズムが合っているかを確認できる

▶指針３
トレード履歴を記録し、振り返ること

　次に、トレードの履歴を記録することの大切さ（デモトレードやリアルトレードに限らず）についてお話します。

　技術を高めるには、「トレードの振り返り」こそが最も重要である。私はそう強く信じてやみません。これは、実際に私がトレードで技術を習得してきた中での経験則であり、また教え子の方々を見ていても、全員に当てはまることだと思っています。

「失敗を振り返る」ことは決して楽しいことではありません。しかし、これを行った場合と行わなかった場合では、**その後のパフォーマンスの改善に圧倒的な違いが生まれる**ことが、トレードに限らず、スポーツや勉強など、様々な分野における実験結果でも明らかになっています。

日々のトレードの内容や結果をしっかりと記録し、自分のトレードを冷静に一つ一つ細かく振り返って、うまくいかなかった原因を明らかにすることで、次に同じような場面が来たときのために準備することができます。これが成功のカギです。ぜひ専用のノートを一冊用意して、毎日のトレードを記録することを日課とされてみて下さい。

トレードノートの記載例

- 10：15　22450売り2枚　→　10：23　22465決済　−15
- 10：32　22520買い2枚　→　10：35　22540決済　＋20

《トレードノートの活用法》

①トレードが終わったらチャートを見直し、どこでエントリーし、どこで決済したかを細かく確認する。
②何が良くて、何が悪かったのかを書き出す。
③次に同じような場面が来たらどうするか？もう一度シミュレーションする。
④疑問点が出たら仮説を立てる。私の講座では、できれば仲間とシェアし、疑問点をクリアにしていくことを推奨しています。

▶指針4
得意なパターンを一つ見つけ、伸ばしていくこと

　トレードを初めて間もない頃は、全てのルールをいっぺんに覚えることはなかなか難しく、チャートの理解や、勝ちパターンをつかむのにも時間がかかると思います。その中でも早く着実に歩んでいくためには、自分の得意なエントリーパターンを一つ見つけて、そこだけに集中して取り組んでいくことが有効です。

　例えば、トレンドがはっきり出ている時に絞り、高値や安値のブレイクアウト後に押し戻しを待ってエントリー。ここだけに集中して取り組んで、利益確定も最初は＋5円〜10円で行ってみる、などのやり方です。トレードを厳選することで、勝率を高めて、勝ち癖と自信を付けていくことができます。また、チャートパターンが一つ読めるようになると、その発展系のパターンも読めるようになっていきますから、そのようにしてだんだんとチャートリーディングを深めていくことにもつながるでしょう。

　ブレイクアウト（順張り）が得意なのか、WTB（逆張り）が得意なのかなど、人によってタイプがあり別れますが、初心者・初級者の方はまずはっきりとしたトレンドの中で、ブレイクアウトからの押し戻しを待って＋5円〜を取っていくのが、勝率も高く、場面も見つかりやすいかもしれません。相場の流れに、順張りで少しだけ乗せてもらうことを積み重ねていく手法です。

得意技「お座り」

📍
**▶指針5
利益に執着し過ぎないこと**

　トレードはお金を得るための行為です。トレードの動機には、ほぼ誰

でも「お金を稼ぎたい」ということがあるでしょうが、しかし、利益への執着が強すぎると、トレードではなかなか勝てないというジレンマがあります。では、どうすればいいのでしょうか?

　勝ち続けているプロのトレーダーは、どう考えているのでしょうか。彼らもお金を得る手段として、トレードをしていることに間違いはないでしょう。ただし「利益に執着しすぎない」ということが言えると思います。

　「もっともっと」と、欲張って利益を伸ばそうとして逆に持って行かれたり、負けを取り戻そうとしてエントリーを繰り返す、あるいはロスカットができない。こうした失敗をすることはよくあります。理由としては勝ち・利益にこだわりすぎるからだと思います。

　それよりも、ルール通りにやれたか?良いエントリーと決済ができたか?に焦点を当てていると、うまくいくことが多いです。

　なぜ利益に執着しすぎないほうが良いのでしょうか。それは相場をコントロールすることはできないからです。チャンスがない日が続いたからと言って無理にやっても、成績は上がらないことを経験則から知っているので淡々としていられるのだと思います。

　また、「何のためにトレードをするのか?」ということが明確であれば、「足るを知る」で適度に利確したり、資金管理・リスク管理もできるはずです。

「何のためにトレードをするかって、そりゃあお金のためだろう」とやはり思われると思います。ただ、そのお金を使って、どのようなことをしたいのか、それは本当に心から行いたいことなのか、トレードでなくては実現できない金額なのか、など、わかっているようでも定期的に時間を取り、少し考えを深めてみることは良いことではないかと思います。

そのため、
● トレードをやる理由が明確であること
● 実力をつけるのが先であり、結果は後からついてくるという考え方
● ルール通りやることに焦点を当てる（トレード中に、いくら含み益・含み損などと見ない、考えない）
● 資金管理
ここに焦点を当てることが、生き残る＝負けないトレーダーになるための条件の一つだと私は思います。

このように考えれば、トレードはやはり「余裕資金」で、どっしりと構えて、基本を大切に、研さんを積み重ねて行くことが大切です。いきなり多くを望まず、過信し過ぎず、勝ち負けやプライドにこだわり過ぎずに、まずは実力を付けていくことが、大変なようで結局はいちばんの近道でしょう。

▶指針6　16年間続けている瞑想法のご紹介 〜実はトレードにも直結

　前項では、利益に執着し過ぎずにルール通りのトレードを優先することの重要性をお伝えしました。

　しかし、「言うは易し、行うは難し」で、最初のうちはどうしても一つ一つの取引に心が揺さぶられてしまい、エゴやプライドが邪魔して損失を放置したり、エントリーすべきでない場面で、安易な「追っかけ」や「取り返し」を繰り返すこともあると思います。人間は完璧ではありませんから、これは誰しもが経験する道とも言えます。

　これは、相場の動きを敵対的に捉えたり、どうしても自分の非を認められないことが原因になっていると思います。しかし、例えば100回戦って100回とも勝てる可能性など、プロであってもほぼゼロに近いことは、冷静に考えれば誰でも容易に想像ができます。であれば、相場と何とかうまく付き合い、常にルール通りにトレードできるように自分自身を保ち、たまに負けはあっても、中長期で見れば結果的に利益が積み上がっていくトータルプラスの状態を目指していくことが重要になってきます。

　そこで、平静な精神状態を保ち、自分の軸をぶらさずにトレードを行うための一つの有効なメソッドとして、私が16年間続けている瞑想法をご紹介したく思います。

　これは「**超越瞑想®（TM）**」というもので、他の瞑想方法とは全く異なるものです。TMとは、「Transcendental Meditation®」の略になります。

　古来よりインドで受け継がれてきた伝統的な瞑想法で、欧米を中心に世界で約1,000万人が学んでいる瞑想法です。投資の世界では、世界最大のヘッジファンドの創業者であるレイ・ダリオ氏もTMの実践者としてよく知られています。ハリウッドセレブなど有名人の実践者も多いので、Youtubeなどで検索するとたくさんの動画が出てきますが、実践方法は正式に教師に習う必要があります。やり方は一切表には出ていません。

　習得のためには、それなりのお金もかかります。しかし私にとっては一生もので、非常に価値がありました。今でも毎日、朝と夕方に欠かさず実践しています。

　特徴は、とにかくシンプルで簡単なことです。呼吸法や観察法などは行わずに、ただ20分間、椅子に座って目をつむるだけです。努力はまったく必要なく、自然に瞑想状態に入れます。その最中はただただ気持ち良く、終わった後は体調もよくなり、頭もすっきりと新鮮になります。毎日実践するのが楽しみになります。

　そして、このTMには臨床データがあるというのも特徴です。瞑想中の脳波や代謝がどのように変化しているのかなどの科学的根拠がある瞑想法です。つまり「やった気になった」というものではないということです。睡眠よりも代謝が落ちるので、寝るよりも疲れが取れます。

習った人にしかわからない体験ですので、なかなか文章では伝えきれない点が多いと思います。また、TMがもたらす効果には個人差があり、誰にでも同じような変化が起こるとは一概には言えません。しかし、実践者の声としてよく聞かれることは、瞑想によって自分の中を深く掘り下げていくことで、これまでに感じたことのないような幸福感や充足感が得られ、日常の心理や行動にも落ち着きが生まれるということです。

自己肯定感が強まれば、自分とその周りを冷静に俯瞰して捉え、調和する感覚も強めることができます。すると、例えばトレードであれば、相場を敵対視することがなくなり、前項の「利益に執着し過ぎない」心理状況も目指しやすくなり、トレードルールを守りやすくなるといえるでしょう。

もしもご興味のある方は、「超越瞑想」のより詳しい情報、また全国の事業所（センター）について、以下の「一般社団法人マハリシ総合教育研究所」公式ホームページからご確認ください。

https://maharishi.or.jp/

▶指針7
良い仲間を作り、支え合うこと

トレード技術を磨くことや、これまでお伝えしてきたような心構え・メ

ンタルを育てていくこと、これらは通常たった一人で行うものです。ト
レードという作業は基本的にはパソコンに一人で向き合い、会話もなく
行う、孤独なものです。

　しかし、もしあなたが志を同じくする、良いトレード仲間というものを
持つことができたら、嬉しい時も悲しい時も、成果や失敗を共有し、刺
激し合って、年代や性別に関わらず、仲間として共に成長していくこと
ができます。

　他の人の考え方や技術を学ぶことで、トレーダーとしての成長も加速
するでしょう。また、より自分を客観視できるようにもなるでしょう。

　失敗を共有すれば、仲間がその勇気を称え、適切なアドバイスをくれ
るでしょう。また、実は教える側も「教える」という行為を通して気が
つくことがあるので、全体がレベルアップしていくのです。

　次章でご紹介する私のコミュニティも、会員の皆さんが相互にアドバ
イスや意見交換を行ったり、交流できる場としても大変好評を得ていま
す。最初は「周りはみんなライバル」と思われていた方であっても、良い
仲間を持てたら、そのうちに自然とその温かさに気が付くものです。そ
して、成果は褒め合い、失敗もシェアしながら、有益な情報をどんどん
共有しています。コミュニティに貢献しようという想いを持つ方が一人、
また一人と現れ、交流が活発化し情報が増え、みんなが成長を目指すト
レーダーとして一緒に励まし合い、共に前進して行ける、良い循環が生
まれています。

　このように、良い仲間を持つことで得られることはたくさんあります。ぜひ、孤独なトレーダーを抜け出し、仲間を増やして、トレード技術の向上とともにご自身の世界を広げ、楽しんでトレードしていただきたいと思います。

終章

より早く、
深く学びたい人のために

- ・「スーパースキャルピング225」とは
- ・「ステップ バイ ステップ（SBS）チャートリーディング
  コミュニティ」とは
- ・受講生インタビュー①　Hさん　主婦
- ・受講生インタビュー②　Mさん　会社員

「スーパースキャルピング225」とは

これまで、私のトレード手法を詳細にわたってお伝えしてきました。終章では、「より早く成長したい、より深く学んでみたい」という方のために、現在私が販売しているシステム「スーパースキャルピング225」や、運営している講座「ステップ バイ ステップ（SBS）チャートリーディングコミュニティ」についてご紹介します。

「スーパースキャルピング225」とは

2017年に開発した、「スーパースキャルピング225」の最大の特長は、日経225のスキャルピングに特化して、「買い」や「売り」の売買サインとなる矢印を生成してくれることです。ロジックのルーツは、ある国内ヘッジファンドのトレーダーが行っていた手法で、数年間に渡って安定した利益を上げ続けていたトレード手法です。

本書でご紹介してきたチャートリーディングの技術や、日経225先物ならではの特長などをしっかりと押さえた上で、この「スーパースキャルピング225」のサインを有効活用してトレードすれば、誰でも効率的に、安定した成績を目指すことができます。

会員の皆さまはサインツールおよびそれを利用するための詳細な本編PDFに加え、メールやLINE、公式ブログでの情報発信、日々の動画によ

るトレード解説や相場状況解説、オンラインミーティング、各種サポートなどのサービスが受けられます。

9割を超える勝率の高さ

　なお、このシステムの勝率の高さについて、会員の方がまとめたレポートがあります。2018年の約半年間、サインに従って、ルールに合致するときにエントリーした場合の数字です。

デイセッション
サイン出現回数：1,947回　エントリー回数：263回
利益値幅総額：9,015円
1日あたり利益値幅平均：70円　エントリー成功率：95%

ナイトセッション
サイン出現回数：2,004回　エントリー回数：246回
利益値幅総額：8,970円
1日あたり利益値幅平均：99円　エントリー成功率：93%

　デイセッションもナイトセッションも、9割以上と驚異の勝率です。なお、全てのサインのうち、実際にエントリーしている回数が少ないことがお分かりかと思いますが、「有効なサイン」と「見送り判断」の基準があり、会員向けマニュアルにも掲載しています。具体的には本書で学んできたようなチャートリーディングを生かして、各売買サインを見極めています。

「スーパースキャルピング225」の詳細は以下のURLからご覧になれます。

スーパースキャルピング225

http://superscalping225.com/nikkei225/

「ステップ バイ ステップ(SBS) チャートリーディングコミュニティ」とは

「スーパースキャルピング225」の会員が増えてきたころ、メンバーの方々に「トレードにおける悩み」をアンケートで聞いてみました。すると、最も多かったのが「ロスカットができない」、さらに「ルールを守れない」や「メンタルが弱い」「手数が多過ぎる（常にポジションを持ってしまう、いわゆるポジポジ病に陥ってしまう）」といった回答が挙がってきました。

こうした結果、「損大利小」になってしまっている、つまり勝率は悪くないのに、勝ちが小さく、一度の負けが大きいので利益が残らない「コツコツドカン」の状態を引き起こしているということがわかりました。

これは私も通ってきた道であり、悩まれる気持ちがよく分かりました。同時に、こうした問題の解決のカギは、全て「チャートリーディング」にある。そう考え、より深くチャートを読めるようになるための講座

「ステップ バイ ステップ（SBS）チャートリーディングコミュニティ」を2019年の3月から開始したのです。

　チャートリーディングの力がつくと、目の前のチャートがパターンとして読めるようになり、次に起こる確率の高い動きがわかるようになっていきます。そのようにチャートが読めるようになれば、優位性の低い場面はエントリーを見送ることができるようになっていきます。また、チャートを読んで根拠を持ってエントリーしたのであれば、その根拠が崩れたときもチャートの形で即座に分かりますから、ロスカットへの迷いもなくなるはずです。

　こうして開始したSBSでは、本書でもご紹介しているようなチャートリーディングの基礎から応用テクニックまでの徹底解説に加え、動画コンテンツを多用し、日々のトレード解説や相場状況の解説を収めた膨大な量の動画コンテンツや、毎朝更新される「今日の戦略」レポート、1日2回の「サイン答え合わせ」レポート、「メンタル強化プログラム」など各コンテンツをご提供してきました。加えて、昨今ではお馴染みのzoomを活用したオンラインミーティングや、掲示板機能（フォーラム）での会員同士の活発な交流、リアルの場でのオフ会など、さまざまな内容で運営してきました。今年の3月にちょうど記念すべき1周年を迎え、今では受講者数が延べ700名を超えるまでに成長しました。

　北は北海道から、南は沖縄まで、トレードに熱い想いを持ち、個性豊かで様々なメンバーの方々が盛り上げているコミュニティです。トレード経験の有無を問わず、短期間でメキメキと実力を上げているメンバーが多くいらっしゃいます。

　本書をきっかけに、「より深く、チャートリーディングを学んでみたい。」そう思われたら、ぜひあなたもSBSの扉を叩いてみて下さい。

＼「SBS チャートリーディングコミュニティ」 ／ 受講生の方にお話を聞きました

▶受講生インタビュー①
Hさん　主婦

　私は2018年の10月、とあるブログで「スーパースキャルピング225」が推薦されていたのを見て購入し、日経225のスキャルピングを始めました。最初のうちは、サイン通りにトレードして勝てることもあるものの、チャートや板の動きに翻弄され、成績の波が激しいという状況でした。また、小さい子供がいるため、トレード時間も多く確保できませんでした。

マニュアルや動画を繰り返し何度も見て学習

　そこで、トレードに時間が割けない分も、とにかく本編マニュアルと伊藤先生のトレード動画を繰り返し見て学習することに専念しました。何十時間とある全てのコンテンツを実に3回繰り返し見て、気がついた点をノートにびっちりと書き込んでいました。

　2019年の4月頃から日中にトレードに時間が取れるようになって、毎日チャートとにらめっこしながら、デモトレードを中心に練習を重ねていきました。5ヶ月ほどデモトレードを続け、実弾のトレードに切り替えたのは、2019年の秋頃です。いまでも、実弾のトレードとデモトレードに戻ることを繰り返して、バランスを取るようにしています。

重ねたデモトレードが、実力と自信に

　以前は、高値掴み、安値掴みが多かったのですが、繰り返しの学習とデモトレードの積み重ねで克服されました。チャートや板の動きにも、以前ほど翻弄されなくなりました。

　現在は、日中の9：30から13時くらいまでトレードしています。1日平均して、20円〜30円ほどの値幅を取っています。得意なのは、「移動平均線や前の高値／安値ブレイクアウト後の押し戻しでのエントリー」や、「下げトレンドからの反転」ポイントです。

　そのほかに、以下のようなことにも気を付けています。
- 長時間やらない（集中力が切れる）
- 子供がいる時、体調が悪い時など集中できない時はやらない
- 久しぶりの時や相場が難しい時はデモで様子を見ながら

学び合えるトレード環境に感謝し、1歩ずつ豊かな未来へ

　SBSには、交流を深められる掲示板機能「フォーラム」があります。そこでのメンバーの皆さんの投稿は、相場の世界にド素人だった私にとっ

て勉強になることばかりでした。SBSでこの皆さんに出会えて、トレード仲間、先輩ができてどれほど心強かったことか。こんな場を作って下さった伊藤先生には、感謝しかありません。

その、「フォーラム」でとあるメンバーの方が書かれた言葉。『相場の流れに逆らわず、流れの中から少しいただく。勝っても負けても、感謝すること。』これを心に留めて、大切に心がけています。

5年先、10年先にしっかり勝てるようになるために、今はコツコツと学ぶ時期だと思っています。人生が変わる転機を与えていただいたと考えており、この素晴らしい環境で学べることに感謝しています。

▶受講生インタビュー②
Mさん　会社員

　2018年の秋頃に「スーパースキャルピング225」を購入しました。そして、2019年3月から「ステップ　バイ　ステップ（SBS）チャートリーディング」にも入会しました。その中で、トレードの価値観がいくつも大きく変わりました。

「本当に勝てるロジック」に出会えた

　これまで数年間、225先物には手を出していましたが、確固としたトレード手法はなかなか確立できずに、悩む時期が続いていました。完全裁量でやっていて、まあまあ勝てる時期があっても、この本に書かれているような「適切な準備」や「注意すべきポイント」が分かっておらず、負けを作って、さらにプライドが邪魔して損切りができずに傷口を広げるなどということを繰り返していました。「スーパースキャルピング225」のサインとロジックに忠実に従ってエントリーすれば、実に勝率は9割を超えるとのことで、最初は驚きましたが、実践した上での実感にもつながっています。「勝てるロジック、やっと見つかった！」そんな気持ちです。

「トレードは孤独、周りは敵」じゃなかった

　トレードというのは一人で行うものなので、孤独なものだと思ってい

ましたが、「SBS チャートリーディング」のコミュニティに入会後、そんな価値観も吹き飛んでしまいました。悩みはみんなで「フォーラム」と呼ばれる掲示板に書き込んでアドバイスし合ったり、オンラインミーティングやzoom飲み会、オフ会など、トレードを忘れるくらい（？）楽しんでいます。皆で支え合い共に成長していこうという伊藤先生の考えがメンバーにも伝わり、自分も含めて感化されていくのを感じました。

「勝ちパターンの感覚」に気づかせてくれた環境

コミュニティに参加してからも、ロスカットが遅れて悩んでいた時期がありました。コツコツ稼いでいても、ドカンと一発で飛ばしてしまうのです。その時に伊藤先生やメンバーの皆さんに相談し、的確なアドバイスを得て改善することができました。具体的には、

1. まず金額を全く気にしないこと（損失額を気にしすぎ、ロットも大きすぎでした）
2. 場面を厳選し、エントリールールをしっかりと守る。エントリー根拠がしっかりとしていないとロスカットもしづらい
3. そのためにデモトレードに戻って月間プラスを生み出せるまで修行すること

といった、自分では気がつけないような客観的なアドバイスをいただきました。

そこで、1枚のデモトレードに戻り、「順張りで高値／安値ブレイクアウト後の押し戻しを待って、5円だけ取っていく」という優位性の高い

パターンに絞ってトレードを再開しました。勝率を高めるために「ダウ理論のトレンド確認と、移動平均線の並びと傾き、5分足が陽線か陰線かも絶対に確認する。」というルールをつくり、そこ以外はエントリーせずに、安定的にプラスを出していくことができました。

　きつくエントリー箇所を絞り、その根拠が崩れたらロスカットすることを覚えて、それを感覚まで落とし込むことで、勝てるようになっていったのです。その過程で、トレード回数が以前の3分の1に減少し、50％ほどだった勝率が85％に上がり、同時に平均トレード時間は16分から8分（／回）に減少しました。「これを続けていけばいいんだ」という、言いようもない安心感が生まれました。

　「勝ちパターンの原点」を教えていただいたSBS、それを運営される伊藤先生やスタッフの皆様、参加メンバーの皆様に本当に感謝しています。

あとがき

　この本を書き始めたのは2019年の11月です。

　年が明けての2020年、新型コロナウイルスが世界中で猛威を振るいはじめました。世界中の都市がロックダウンとなり、株式市場は大暴落し、私たちの生活スタイルも一変してしまいました。

　多くの会社がリモートワークとなり自宅で仕事をする人が増え、また休業を余儀なくされた方もとても多いと思います。

　そんな中、トレード技術を身につけることは、自宅にいながら稼げるチャンスです。もちろん誰もが最初からは稼げると思ってはいけません。

　投資の世界は何兆円もの巨額の資金を動かすプロ同士が、日夜しのぎを削って戦っている「生き馬の目を抜く」世界です。素人が参入して簡単に勝てる世界ではありません。

　ですが、資金管理・リスク管理をしっかり行い、勝率の高い方法で戦うのであれば、着実に資金を増やしていくことは十分可能です。多くの教え子たちがそれを証明しています。

　ただしそれには一定の努力が必要なのは言うまでもありません。

　本書は、これからトレードをはじめようという方や、トレードをはじ

めたけれどなかなか結果が出せていないという方に、どこに努力をすれ
ばよいのか？その努力の方向性がわかる一助になればという思いで書き
ました。

　本書をヒントに、是非トレードという夢のある世界にチャレンジして
いただきたいと思います。

令和2年11月吉日
伊藤 由

購入者
特典❗

動画コンテンツのご案内

📍 動画コンテンツのご案内

あなたが本書の内容をより深く理解し、
スムーズに実践できるように重要ポイントを学べる、
フォローアップ動画コンテンツをご用意しました。

コンテンツ内容

☑ カブステーションの設定方法

移動平均線や「ナイトあり／なし」チャートの設定など、
準備作業についてフォローしています。

☑「押し戻し」の極意とは

最重要ポイントの一つである「押し戻し」を
活用したエントリー方法を、有効な考え方と
共に動画で解説しています。

繰り返し見ると
効果が倍増☆

☑ こんな時は手出し無用

勝率を高めるための、見送るべき場面の
判断方法を動画でお伝えします。

☑ 分割エントリーや分割決済

中級者以上向けの分割エントリー、
分割決済について解説しています。

■ 分割エントリー／決済について

　本書でもお伝えしていますように、最初のトレードはミニ１枚からスタートしていただくことをオススメしています。その上で適切なステップを踏んで、資金が増え、２枚、３枚と運用できるようになった時、この分割エントリーや分割決済の戦略が必ず生きてきます。焦らずに１歩ずつ進めていくのが、実は最も早く、確実に成長していただくやり方だと確信しています。

　ぜひ、各動画を繰り返し見ていただいて、実際のイメージを掴んでいただき、トレード技術の向上にお役立ていただければ幸いです。

特典動画はこちらから

http://superscalping225.com/
nikkei225/tokutenforbook

アクセス後、下記のパスワードをご入力下さい。

パスワード：tokutoku225

1.
本書の重要ポイントを
動画で学べる!

2.
伊藤流
エッセンスを凝縮

■ 著者略歴

伊藤 由 （いとう・ゆう）

投資家。有限会社ウィステリアコムデザイン代表取締役

1966年生まれ。東京都出身。

会員数2,500名を超える日経225先物の売買サイン生成ツール「スーパースキャルピング225」開発者。また、受講生700名を超える投資コミュニティ「SBSチャートリーディングコミュニティ」主催。30代前半の起業して間もない頃に投資で1,000万円以上の損失を出しいったん投資の世界から離れるが、再度投資の研究を再開。成功したプロのトレーダーなどから学び、自身の投資スタイルを確立。投資手法を教えて欲しいと友人に頼まれ、初心者にも分かりやすい「スーパースキャルピング225」を開発。

趣味は瞑想・読書・神社仏閣巡りなど。

セーリング競技の元日本代表、世界選手権7位や全日本選手権大会優勝の経歴を持つ。

将来の目標は、財団を作りその利益で日本の未来（子ども達、ベンチャー、環境・農業・産業技術、スポーツ・文化）の発展に寄与すること。

問い合わせ：info@wisteriacom.net

最強の日経225　スキャルピング戦略

2020年11月12日　第1刷発行
2022年 1月11日　第2刷発行

著　者　伊藤 由
　　　　（いとう ゆう）

発行者　太田宏司郎
発行所　株式会社パレード
　　　　大阪本社　〒530-0043　大阪府大阪市北区天満2-7-12
　　　　　　　　　TEL 06-6351-0740　FAX 06-6356-8129
　　　　東京支社　〒151-0051　東京都渋谷区千駄ヶ谷2-10-7
　　　　　　　　　TEL 03-5413-3285　FAX 03-5413-3286
　　　　　　　　　https://books.parade.co.jp
発売元　株式会社星雲社（共同出版社・流通責任出版社）
　　　　　　　　　〒112-0005　東京都文京区水道1-3-30
　　　　　　　　　TEL 03-3868-3275　FAX 03-3868-6588
印刷所　創栄図書印刷株式会社